KB066677

차시	날짜		빠르기	정확도	확인란
1	월	일	타	%	
2	월	일	타	%	
3	월	일	타	%	
4	월	일	타	%	
5	월	일	타	%	
6	월	일	타	%	
7	월	일	타	%	
8	월	일	타	%	
9	월	일	타	%	
10	월	일	타	%	
11	월	일	타	%	
12	월	일	타	%	

차시	날짜		빠르기	정확도	확인란
13	월	일	타	%	
14	월	일	타	%	
15	월	일	타	%	
		일	타	%	
	월	일	타	%	
18	월	일	타	%	
19	월	일	타	%	
20	월	일	타	%	
21	월	일	타	%	
22	월	일	타	%	
23	월	일	타	%	
24	월	일	타	%	

이 책의 목차

×3 🔑×3

몬스터타자 프로그램

컴튜토리얼 몬스터타자 프로그램 가입하기
몬스터타자 프로그램 콘텐츠 살펴보기

QUEST

실습 및 완성파일 : [스테이지 00] 폴더

몬스터타자

타자연습
기초부터 차근차근,
키보드를 익혀요!

마우스연습
클릭&더블클릭&드래그
마우스 연습을 해요!

타자게임
게임을 진행하면서
타자 실력을 확인해요!

01 몬스터타자 회원가입 및 로그인

1 <몬스터타자> 프로그램을 실행한 후 [회원가입]을 클릭합니다.

2 학생 등록 페이지가 나오면 필요한 정보를 모두 입력하여 가입을 완료해 보세요.

 TIP

교재 뒤쪽에 포함된 쿠폰에서 스크래치를 긁어내면 라이선스 키가 표시됩니다. 해당 키를 입력하여 <몬스터타자> 프로그램을 1년 동안 이용할 수 있습니다.

3 가입한 정보를 입력하여 로그인합니다.

 TIP

아이디 또는 비밀번호를 분실했다면, 담당 선생님에게 문의합니다. 선생님은 학생관리 및 제어 기능을 통해 학생 정보 수정이 가능합니다.

1 <몬스터타자> 프로그램은 '타자연습/마우스연습/타자게임' 세 가지의 기능이 있습니다.

2 '**타자연습**'에서는 단계별 연습을 통해 체계적인 타자연습이 가능하며, 전체 자리 글쇠가 적용된 재미난 콘텐츠도 함께 준비되어 있습니다.

자리연습

자리익힘

단계별 낱말

주제별 낱말

짧은글연습

긴글연습

특수키&특수문자

3 클릭 · 더블클릭 · 드래그 · 우클릭까지! 게임을 하면서 마우스 동작을 익힐 수 있도록 **'마우스연습'** 콘텐츠가 구성되어 있습니다.

시몬탭스

고기굽기

칠교

지구를 지켜라

두더지 잡기

판 뒤집기

4 지금까지 연습한 타이핑 실력을 확인할 수 있는 **'타자게임'**도 준비되어 있답니다!

낱말팡팡

초성퀴즈

십자말풀이

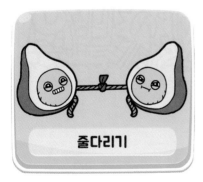

줄다리기

판 뒤집기

coming soon...

×3 ×3

컴퓨터, 네 정체가 궁금해!

컴퓨토리얼 컴퓨터 구성장치 알아보기
인터넷던전 재미있는 숨은 그림 찾기

QUEST

실습 및 완성파일 : [스테이지 01] 폴더

숨어 있는 컴퓨터 구성 장치(본체, 모니터, 키보드, 마우스)를 찾아보세요!

01 컴퓨터 구성 장치 알아보기

• 컴퓨터의 기본 구성 장치와 역할

컴퓨터를 사용하기 위해 필요한 기본 장치에는 '본체, 모니터, 키보드, 마우스'가 있습니다.

❶ **본체** : 컴퓨터가 동작할 때 필요한 중요한 장치들이 들어있어요.

❷ **모니터** : 컴퓨터에서 처리한 결과를 TV처럼 화면에 보여줘요.

❸ **키보드** : 한글이나 영어, 숫자 등의 글자를 컴퓨터에 입력할 수 있어요.

❹ **마우스** : 모니터 안에서 움직이는 커서를 이용해 컴퓨터에 명령을 전달할 수 있어요.

 노트북 컴퓨터는 어떻게 구성되어 있을까?

노트북은 작고 가벼워 어디든 들고 다닐 수 있도록 만든 컴퓨터예요. 노트북에도 기본 구성 요소인 '본체, 모니터, 키보드, 마우스'가 들어있답니다. 빈 칸에 알맞은 이름을 찾아 적어보세요.

• 컴퓨터의 주변 장치와 역할

컴퓨터와 함께 사용되는 주변 장치에는 어떤 것들이 있는지 살펴보도록 하겠습니다.

스피커
컴퓨터에서 나오는 소리나 음악을 들려줘요.

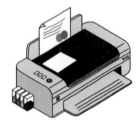

프린터
모니터 화면에 보이는 내용을 종이에 출력해줘요.

헤드셋
헤드폰과 마이크로 구성된 장치로,
다른 사람과 음성 통신을 가능하게 해줘요.

화상 카메라
카메라에 비친 내 모습을 녹화할 수 있어요.
화상 회의 또는 온라인 수업에서 활용됩니다.

USB 메모리
문서나 사진, 동영상 파일 등을 USB에 저장해 휴대할 수 있어요.

02 컴퓨터 켜고 끄기

· 컴퓨터 켜는 방법 알아보기

1 컴퓨터 본체 앞쪽의 전원 버튼을 눌러 컴퓨터를 시작합니다.

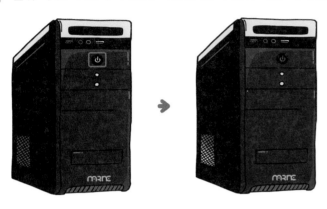

2 모니터의 오른쪽이나 중앙에 위치한 전원 버튼을 눌러 모니터를 켜줍니다.

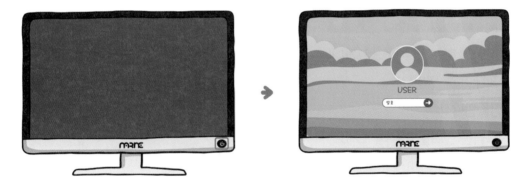

· 컴퓨터 종료하는 방법 알아보기

1 [시작]-[⏻(전원)] 단추를 눌러 [시스템 종료]를 클릭하면 실행 중인 모든 앱이 종료됩니다.

2 모니터의 전원 버튼을 눌러 모니터 화면을 종료할 수 있습니다.

 TIP

· [절전] 메뉴는 컴퓨터가 켜진 상태에서 전원 사용을 최소화하는 기능이에요.
· [다시 시작] 메뉴는 앱을 모두 닫고 컴퓨터를 종료했다가 자동으로 다시 시작하는 기능이에요.

1 크롬 브라우저를 이용해 '숨은 그림 찾기' 웹사이트에 접속한 후 숨은 그림 찾기를 해 보세요.

❶ 찾은 개수와 찾아야 하는 개수가 표시됩니다.

❷ 화면을 크게 확대할 수 있어요.

❸ 숨어있는 그림들입니다.

❹ 찾기 어려운 그림은 힌트를 이용해 보세요.

TIP

'숨은 그림 찾기' 웹사이트 주소는 [스테이지 01]-'1_인터넷던전.txt' 파일에 있어요.

숨은 그림 찾기

https://www.highlightskids.com/games/hidden-pictures/off-to-school

2 모든 그림을 찾은 다음에는 더 다양한 문제를 체험할 수 있어요!

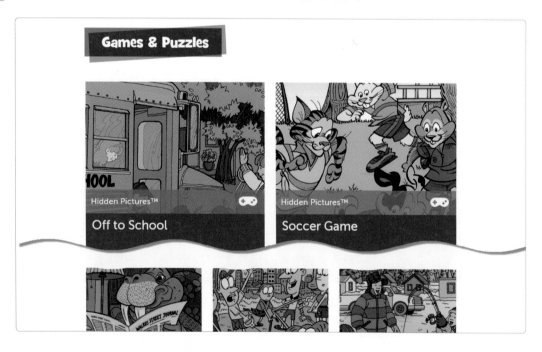

스테이지 클리어

1 컴퓨터 시스템과 관련된 장치의 이름을 적어보기

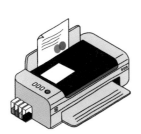

완벽하게 마우스를 컨트롤하자!

컴퓨토리얼 마우스에 대해 알아보고 동작 익히기

인터넷던전 도자기 만들기 체험을 통해 마우스 연습하기

QUEST

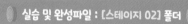

실습 및 완성파일 : [스테이지 02] 폴더

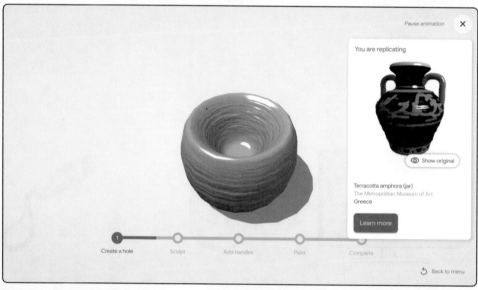

01 마우스에 대해 알아보기

• 쥐를 닮은 장치를 찾아보세요!

'쥐'를 영어로 Mouse(마우스)라고 하는데요. 마우스의 모양이 마치 쥐를 닮았다고 해서 붙여진 이름이랍니다.

나와 닮은 컴퓨터 장치는 무엇일까요?

• 마우스 잡는 방법 익히기

아래 그림처럼 마우스를 손으로 감싸보세요. 검지에 위치한 곳을 **왼쪽 버튼**, 중지에 위치한 곳을 **오른쪽 버튼**, 그 사이에 있는 것은 **휠**이라고 불러요.

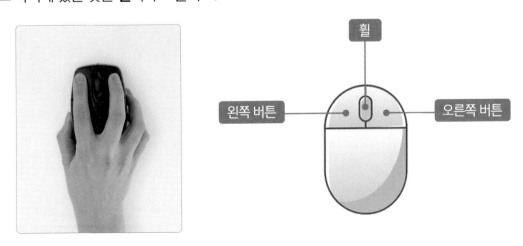

휠

왼쪽 버튼

오른쪽 버튼

• 클릭(Click)

1 마우스의 왼쪽 버튼을 한 번 눌렀다가 떼는 동작이에요. 클릭하면 아이콘을 선택할 수 있어요.

2 바탕 화면에서 [휴지통] 아이콘을 클릭하여 선택해 보세요.

• 더블 클릭(Double Click)

1 마우스의 왼쪽 버튼을 빠르게 두 번 연속 클릭하는 동작이에요. 더블 클릭으로 아이콘에 해당하는 앱을 실행할 수 있어요.

2 바탕 화면에서 [휴지통] 아이콘을 더블 클릭하여 실행시킨 후 ⨯ 버튼을 눌러 종료할 수 있습니다.

• 드래그 앤 드롭(Drag and Drop)

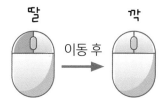

1 마우스 왼쪽 버튼을 누른 상태에서 옆으로 이동한 후 버튼에서 손을 떼는 동작이에요. 드래그 앤 드롭으로 아이콘을 이동할 수 있어요.

2 바탕 화면에서 [휴지통] 아이콘을 드래그 앤 드롭하여 아이콘의 위치를 이동시켜 보세요.

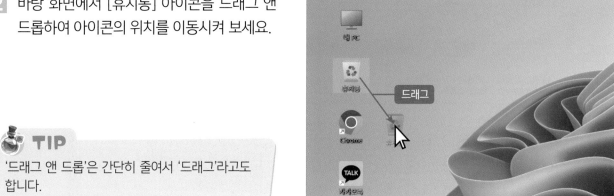

TIP
'드래그 앤 드롭'은 간단히 줄여서 '드래그'라고도 합니다.

• 스크롤(Scroll)

1 마우스 휠을 위 아래로 굴리는 동작이에요. 스크롤을 이용해 화면을 상하로 이동할 수 있어요.

2 인터넷을 실행한 후 스크롤 해보세요. 인터넷 화면이 위 아래로 움직이는 것을 확인할 수 있을 거예요.

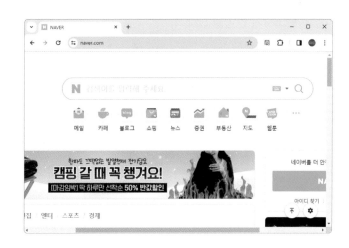

1 크롬 브라우저를 이용해 '도자기 만들기' 웹사이트에 접속하여 체험을 시작합니다.

TIP

'도자기 만들기' 웹사이트 주소는 [스테이지 02]–'2_인터넷던전.txt' 파일을 참고합니다.

2 아래 방법을 참고하여 도자기를 만들어 보세요.

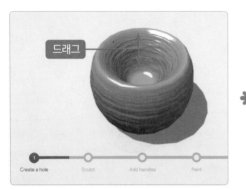

▲ 도자기 안쪽을 드래그

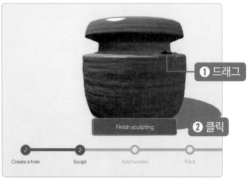

▲ 도자기 옆면을 드래그

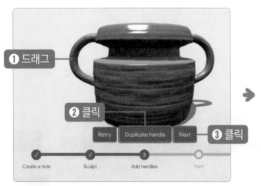

▲ 도자기의 손잡이 달기

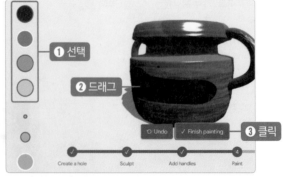

▲ 도자기 색칠하기

 TIP

도자기 주변의 배경을 드래그하면 화면의 시점을 다르게 볼 수 있습니다.

스테이지 클리어

1 마우스 동작으로 알맞은 것끼리 연결하기

클릭 • •  • • 마우스의 왼쪽 버튼을 빠르게 두 번 연속 클릭하는 동작

더블 클릭 • • • • 마우스의 왼쪽 버튼을 한 번 눌렀다가 떼는 동작

드래그 앤 드롭 • • • • 마우스 휠을 위 아래로 굴리는 동작

스크롤 • • • • 마우스 왼쪽 버튼을 누른 상태에서 옆으로 이동한 후 버튼에서 손을 떼는 동작

2 [스테이지 02]-'심해탐사.txt' 파일을 열어 스크롤 연습하기

심해탐사.txt

×3 ×3

키보드를 이용해 타자왕 되기!

컴퓨토리얼 키보드 주요 키의 기능을 이해하며 글자 입력하기

인터넷던전 다양한 웹사이트를 통해 키보드 연습하기

QUEST

실습 및 완성파일 : [스테이지 03] 폴더

키보드연습.txt

파일 편집 보기

빵
딸기
까마귀
강아지똥
아름다운꽃

줄 5, 열 6   100%   Windows (CRLF)   UTF-8

KEEP OUT!
A Dungeon Adventure for the Brave

Play Now

More info

A WebGL game by LITTLE WORKSHOP

01 간단한 단어를 입력해보기

1 손가락 두 개만으로 타자를 치는 '독수리 타법'은 속도가 느릴 뿐만 아니라 틀리게 입력하기 쉬워요.

2 손가락의 위치를 잘 확인하여 타자 연습을 해야 실력이 쑥쑥 올라간답니다!

3 [스테이지 03] 폴더에서 '키보드연습.txt' 파일을 열어 아래 그림처럼 입력해 봅니다.

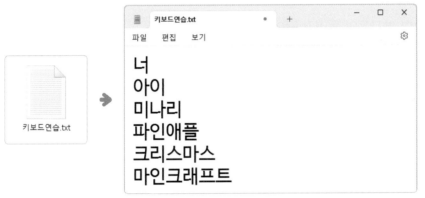

TIP

단어 입력이 완료되면 'Enter (엔터)' 키를 눌러 한 줄 아래에 입력할 수 있습니다. 천천히 입력해 보세요.

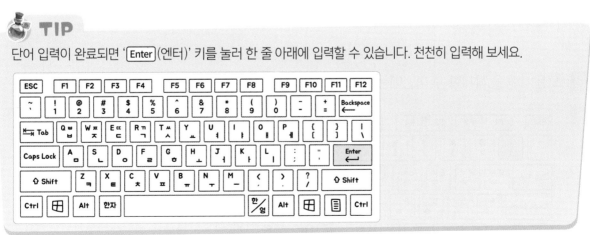

02 키보드의 여러 가지 키 사용방법 익히기

1 메모장에 입력했던 내용의 맨 마지막 부분에 커서를 위치시킨 후 Back Space 를 눌러 모두 지워줍니다.

2 Shift 를 이용하여 아래와 같이 쌍자음이 들어간 단어를 입력해 보세요.

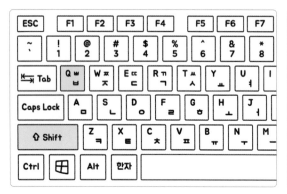

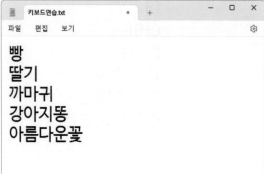

3 모든 내용을 삭제한 후 이번에는 특수기호가 들어간 단어를 입력해 보세요.

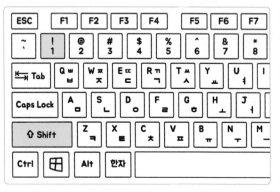

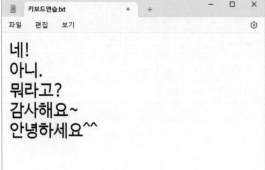

더욱 다양한 특수기호를 찾아요!

'ㅁ'을 입력한 후 [한자] 키를 눌러 원하는 기호를 선택해 보세요. 한글의 자음(ㅁ, ㄴ, ㅇ, ㅅ 등)과 <한자>의 조합으로 여러 가지 특수기호를 찾을 수 있답니다.

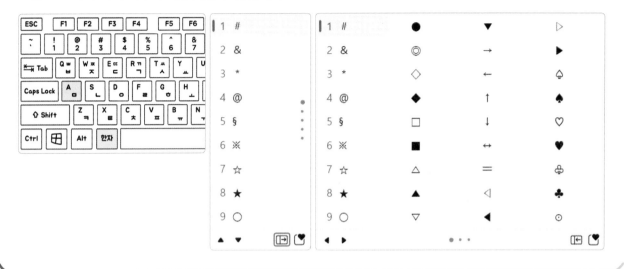

4 메모장의 내용을 모두 지운 후 영문을 입력하기 위해 [한/영]을 눌러 아래와 같이 입력해 보세요.

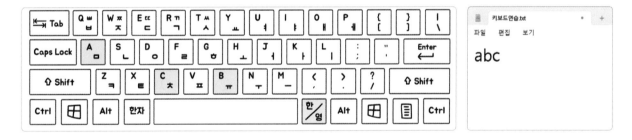

5 대문자 영문을 입력하기 위해 [Caps Lock]을 누른 후 내용을 입력합니다.

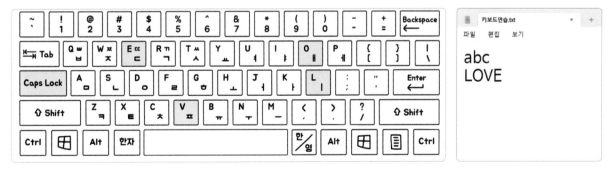

 TIP

[한/영] 키나 [Caps Lock] 키는 '토글키'로 분류됩니다. 토글키란 딱 2가지 상태만 가지는 키로, 번갈아 누를 때마다 다른 기능으로 전환됩니다.

키보드 완전 파헤치기!!

❶ **문자키** : 한글의 자음과 모음, 영어 알파벳을 입력할 수 있어요.

❷ **숫자키** : 0부터 9까지의 숫자를 입력할 수 있어요.

❸ **기호키** : +, −, *, / 등 다양한 기호를 입력할 수 있어요.

❹ **이동키** : 커서(깜빡이는 일자 모양)의 위치를 이동할 수 있어요.

Home	홈	커서를 줄의 처음으로 이동	Page Up	페이지 업	한 화면 앞으로 이동
End	엔드	커서를 줄의 끝으로 이동	Page Down	페이지 다운	한 화면 뒤로 이동

❺ **특수키** : 각 키마다 특수한 기능을 수행할 수 있어요.

Esc	이에스씨	진행 중인 작업을 취소하거나 현재 상황을 빠져나옴
Enter	엔터	명령을 입력하여 실행시키거나 커서를 다음 줄로 이동시킴
Space Bar	스페이스 바	빈 칸을 삽입함
←	백 스페이스	커서 왼쪽의 글자를 지움
Tab	탭	커서를 8칸씩 이동시키거나 다음 항목으로 이동함
Shift	시프트	영어 대문자나 한글 쌍자음, 'ㅐ', 'ㅔ' 또는 해당 키의 두 번째 기호를 입력함
Ctrl	컨트롤	단독으로 사용하지 않고 다른 키와 함께 사용함 (예 Ctrl + S : 파일 저장)
Alt	알트	단독으로 사용하지 않고 다른 키와 함께 사용함 (예 Alt + F4 : 창이나 프로그램 종료)
Insert	인서트	입력할 때 뒤의 글자를 지우면서 수정할지, 그대로 두고 삽입할지 선택함
Delete	딜리트	커서 오른쪽의 글자를 지움
Caps Lock	캡스락	오른쪽 위의 LED가 켜지면 대문자가 입력되고, 꺼지면 소문자가 입력됨
Num Lock	넘 락	오른쪽 위의 LED가 켜지면 키패드가 숫자로 입력되고, 꺼지면 숫자 아래의 기능이 실행됨

❻ **기능키**(F1 ~ F12) : 프로그램마다 지정된 기능을 수행할 수 있어요.

01 텍스트로 멋진 그림을 그리기

1 크롬 브라우저를 이용해 '텍스트로 그림 그리기' 웹사이트에 접속합니다.

2 하단의 텍스트 입력 창을 열어 내가 좋아하는 단어를 입력하여 원하는 모양으로 드래그 해보세요.

 TIP

모양을 그릴 때 빠르게 드래그하면 글자가 크게 표시될 거예요!

02 키보드 방향키를 이용해 몬스터 피하기

1 크롬 브라우저를 이용해 '몬스터 피하기' 웹사이트에 접속합니다.

2 아래 그림을 참고하여 몬스터를 피해 던전을 탈출해 보세요.

❶ <Play Now>를 눌러 시작해요.

❷ 방향키로 1단계 출구를 찾아 이동해요.

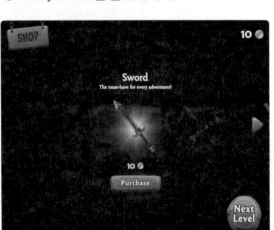

❸ 무기를 구매한 후 다음 단계로 이동해요.

❹ Space Bar 를 눌러 항아리를 깨뜨려요.

❺ 획득한 포션은 R 을 눌러 사용해요.

❻ Space Bar 를 눌러 몬스터를 무찔러요.

스테이지 클리어

1 [스테이지 03]-'키보드미션.hwp'을 열어 낱말 퍼즐 완성하기

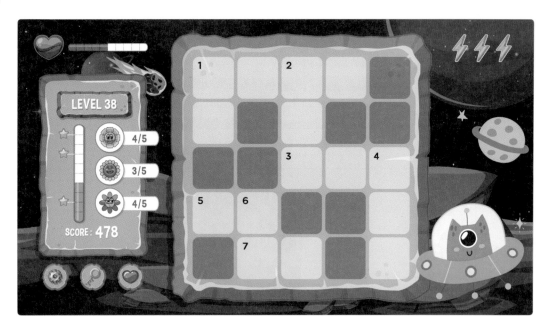

가로풀이 ▶ ❶ 거짓말을 하면 코가 길어지는 나무인형이에요.

❸ 여성용 원피스로, 결혼할 때 입는 것을 웨딩○○○라고 해요.

❺ 키보드에서 명령을 입력하여 실행시키거나 커서를 다음 줄로 이동시키는 키로, 영어로 'Enter'라고 불러요.

❼ 이가 썩거나 아플 때 가는 병원이에요.

세로풀이 ▶ ❶ 밀가루 반죽 위에 토마토, 치즈, 피망 등을 얹어 둥글고 납작하게 구운 파이에요.

❷ 컴퓨터에 한글이나 영어, 숫자 등을 입력할 수 있는 장치예요.

❹ 컴퓨터에서 나오는 소리나 음악을 들려주는 장치예요.

❻ 손을 대거나 건드리는 것을 영어로는 이렇게 불러요.

 TIP

키보드의 방향키를 눌러 다른 칸으로 이동할 수 있습니다.

STAGE 04

×3 ×3

하드웨어는 갑옷,
소프트웨어는 기술전략!

컴튜토리얼 하드웨어와 소프트웨어에 대해 알아보기
인터넷던전 체험을 통해 하드웨어와 소프트웨어 이해하기

QUEST

실습 및 완성파일 : [스테이지 04] 폴더

품목

프로 카메라 | 듀얼 카메라 | 볼륨 버튼 | 라이트닝 포트 | 끝짜기 | 애플 로고 | 안드로이드 로고 | 홈 버튼

Coins   Moves 7

Perfect!
⭐ ⭐ ⭐

	You	Record
Moves	11	11
Time	00:01:33	00:00:03
Score	6666	8000

- 하드웨어(Hardware)란?

캐릭터에게 갑옷을 입히면 적의 공격으로부터 방어를 하여 체력을 보호할 수 있어요. 컴퓨터에서 '**하드웨어**'는 갑옷처럼 눈에 보이는 기계를 말해요. 예를 들면 우리가 배웠던 '**본체, 모니터, 프린터, 마우스, 키보드**'가 하드웨어에 해당합니다.

게임에서 단단한 갑옷을 입을수록 방어력이 상승하게 되는 것처럼, 어떤 하드웨어를 쓰는지에 따라 컴퓨터의 성능도 달라집니다.

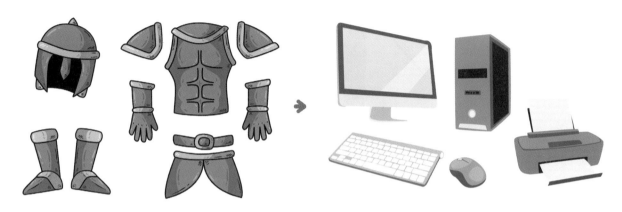

- 소프트웨어(Software)란?

게임에서 특정 스테이지의 목표를 달성하거나 적을 이기기 위해 필요한 기술전략은 눈에 보이진 않지만 매우 중요한 요소라고 볼 수 있어요. 이처럼 '**소프트웨어**'는 하드웨어처럼 만질 수는 없지만, 컴퓨터의 기능을 확장해 사용자에게 여러 가지 기능을 제공하는 것을 말합니다. 우리가 잘 알고 있는 '**파워포인트, 엔트리, 마인크래프트**' 등의 프로그램도 대표적인 소프트웨어 중 하나라고 볼 수 있지요.

 TIP

하드웨어와 소프트웨어는 서로 밀접하게 연결되어 있습니다. 하드웨어가 없으면 소프트웨어를 작동시킬 수 없고, 소프트웨어가 없으면 하드웨어는 제 기능을 할 수 없기 때문이죠!

1 크롬 브라우저를 이용해 '아이폰 만들기' 웹사이트에 접속합니다.

2 아이폰 주변을 드래그하여 후면이 보이게 조절한 다음 원하는 카메라를 부착해 보세요.

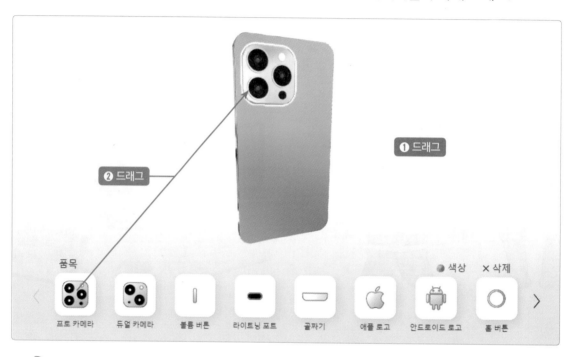

TIP

부품이 선택된 상태에서 ●색상 을 클릭하여 원하는 색상을 적용할 수 있습니다. 부품의 위치가 적당하지 않을 때는 ×삭제 를 눌러 지운 후 다시 작업을 해야 합니다.

3 아이폰의 후면을 선택한 다음 색상을 변경합니다. 카메라 부품도 어울리는 색으로 바꿔봅니다.

4 다양한 부품을 활용해 차세대 아이폰을 디자인 해보세요.

5 아이폰의 전면을 선택한 후 화면을 바꿔봅니다. ⬆ (업로드)를 눌러 [스테이지 04] 폴더 안의 이미지를 불러와도 좋아요!

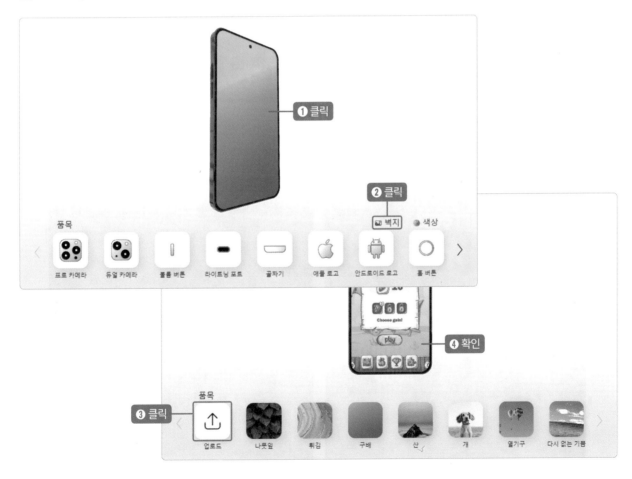

6 작업이 끝나면 오른쪽 상단의 ▶현재의 단추를 눌러 작품을 저장해 봅니다.

1 크롬 브라우저를 이용해 '판움직이기 퍼즐' 웹사이트에 접속합니다.

2 게임이 시작되면 판을 드래그하여 '1'이 적힌 숫자를 모두 지나 코인을 획득할 수 있어요.

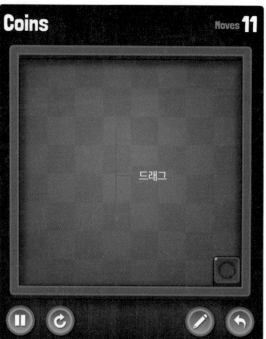

3 똑같은 방법으로 퍼즐 게임을 진행해봅니다.

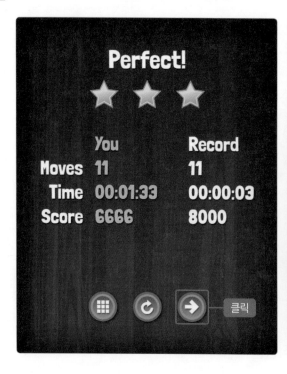
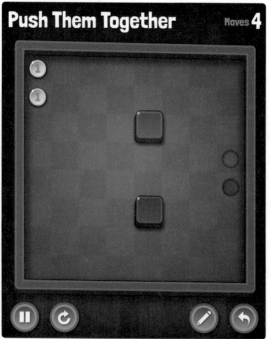

1 하드웨어와 소프트웨어 구분하기

소프트웨어

하드웨어

2 온라인 엔트리에 접속해 여러 가지 소프트웨어 체험하기

윈도우 모험 시작!

컴튜토리얼 여러 가지 운영체제에 대해 알아보기

인터넷던전 고전 윈도우 운영체제 체험하기

QUEST

실습 및 완성파일 : [스테이지 05] 폴더

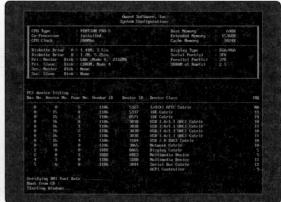

01 운영체제에 대해 알아보기

· 운영체제(OS)란 무엇일까?

OS(Operating System)은 '운영체제'를 뜻합니다. 컴퓨터가 잘 실행되도록 관리를 하면서 사용자가 컴퓨터를 효율적으로 사용할 수 있도록 도움을 주는 소프트웨어입니다.

· 컴퓨터 운영체제

컴퓨터 운영체제로는 마이크로소프트에서 개발한 윈도우가 가장 대표적으로 사용되며, 사용자의 편의를 위한 버전이 꾸준히 새롭게 출시되고 있습니다.

▲ Windows11 운영체제(최신)

▲ Windows10 운영체제

· 스마트폰 운영체제

손 안의 작은 컴퓨터인 스마트폰에도 구글에서 개발한 '안드로이드'와, 애플에서 개발한 'iOS'라는 운영체제가 있습니다.

◀ 안드로이드 운영체제

• 마이크로소프트 윈도우 운영체제의 로고 변화

Window(창문)을 형상화한 윈도우 운영체제의 버전과 로고는 아래 그림과 같이 발전하게 됩니다.

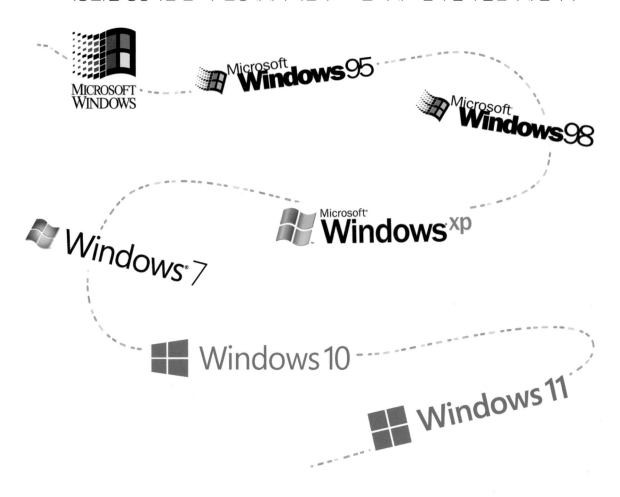

 빌 게이츠를 아시나요?

오른쪽 그림과 같이 초창기 컴퓨터는 전문가만 다룰 수 있는 복잡한 기계였어요. 컴퓨터 천재였던 빌 게이츠는 누구나 쉽고 편리하게 컴퓨터를 사용할 수 있는 방법을 연구한 끝에 '마이크로소프트'라는 회사를 설립하여 윈도우 운영체제를 개발했습니다.

1 크롬 브라우저를 이용해 '고전 윈도우 체험' 웹사이트에 접속한 후 사용해보고 싶은 운영체제를 선택합니다.

 TIP

Windows 95는 1995년-2001년 / Windows 98은 1998년-2006년 / Windows me는 2000년-2006년에 지원된 운영체제입니다.

2 컴퓨터가 부팅되는 화면을 살펴본 다음 운영체제를 체험해 보세요.

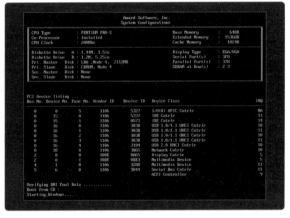

 TIP

고전 윈도우 체험 웹사이트는 초창기 윈도우 운영체제의 구성을 비슷하게 재현한 곳이에요. 바탕 화면에 생성된 아이콘을 살펴보면, 고전 프로그램부터 최근 유행하는 앱까지 다양하게 체험을 할 수 있도록 서비스하고 있습니다.

1 크롬 브라우저를 이용해 '빌 게이츠 자산 체험' 웹사이트에 접속합니다.

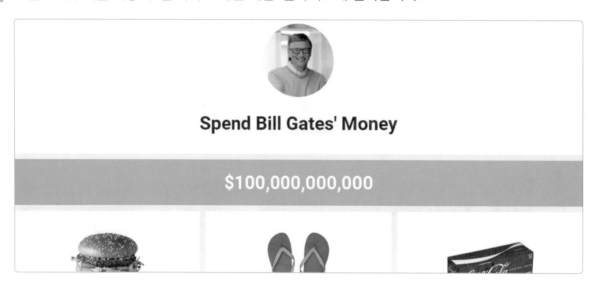

2 빌 게이츠의 자산을 이용해 평소에 가지고 싶었던 물건이 있다면 마음껏 구매해 보세요.

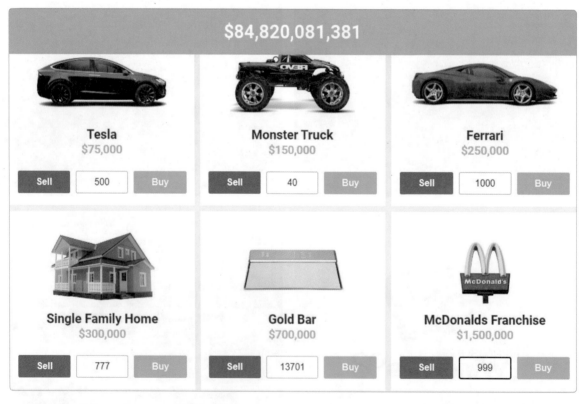

TIP

이곳은 재미로 빌 게이츠의 자산을 체험해 볼 수 있는 곳인데요. 빌 게이츠가 가진 1,000억을 우리 돈으로 환산하면 약 129조 5,000억 정도라고 하네요.

스테이지 클리어

1 아래 [힌트]를 참고해 낱말 퍼즐 완성하기

×3 ×3

컴퓨터 맵, 바탕 화면 정복하기!

컴퓨토리얼 바탕 화면에 대해 알아보고 설정 변경하기
인터넷던전 도미노 맵을 만들어보기

QUEST

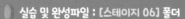
실습 및 완성파일 : [스테이지 06] 폴더

1 바탕 화면은 Desktop(데스크톱)이라고 부르며, '책상 위'를 의미합니다. 책상 위에는 어떤 것들이 있을까요?

2 여러분의 책상 위를 그려보세요.

02 컴퓨터 바탕 화면 구성 알아보기

1 컴퓨터 안의 맵, 바탕 화면의 구성을 살펴보도록 하겠습니다.

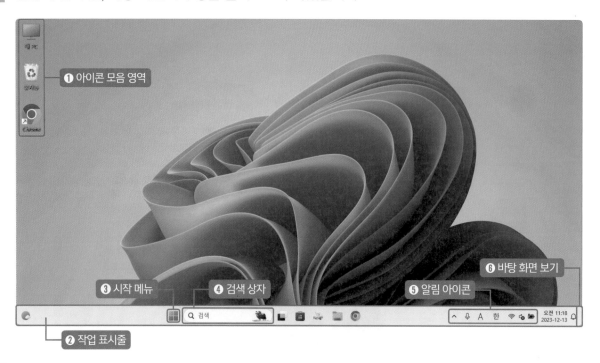

❶ 아이콘 모음 영역

❸ 시작 메뉴 ❹ 검색 상자 ❺ 알림 아이콘 ❻ 바탕 화면 보기

❷ 작업 표시줄

2 무엇에 대한 설명인지 생각해보고, 알맞은 이름을 적어보세요.

시스템의 상태나
앱의 알림 등을 표시해요.

모든 창을 최소화시킨 후
바탕화면을 보여줘요.

현재 실행 중이거나,
고정된 아이콘이 표시돼요.

앱 또는 문서 관련 내용을
검색할 수 있어요.

앱을 실행하거나
컴퓨터를 종료할 수 있어요.

자주 사용하는
아이콘이 있어요.

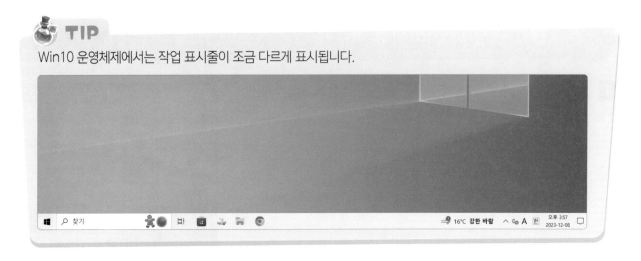

03 바탕 화면 아이콘 정리하기

1 바탕 화면의 빈 곳 위에서 마우스 오른쪽 버튼을 눌러 [정렬 기준]-[이름]을 선택해 아이콘을 정렬해 보세요.

2 아이콘의 종류 · 이름 순으로 표시되는 것을 확인할 수 있습니다.

1 바탕 화면의 빈 곳 위에서 마우스 오른쪽 버튼을 눌러 [개인 설정]을 클릭합니다.

2 [개인 설정] 창이 표시되면 [배경]에서 원하는 이미지를 선택한 후 변경된 바탕 화면을 확인해 보세요.

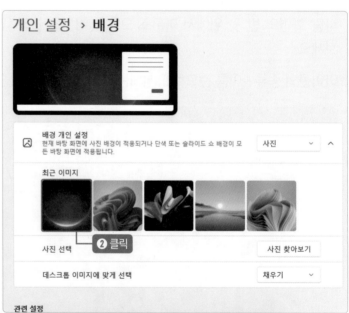

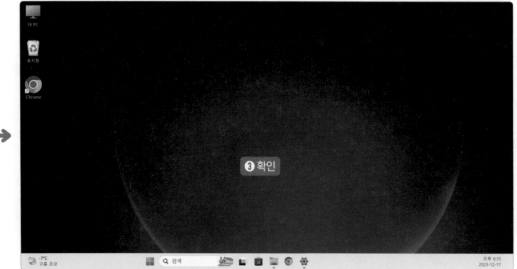

컴퓨터에 저장된 사진으로 배경을 바꿀 수 있어요!

<사진 찾아보기>를 이용해 원하는 이미지를 선택할
수 있습니다. [스테이지 06] 폴더 안에서 원하는 이미
지를 배경으로 적용해 보세요.

05 테마 변경하기

1. 테마란 배경 화면, 소리, 색의 조합 등 전체적인 모습을 한 번에 바꿀 수 있는 기능이에요.

2. [개인 설정] 창에서 [테마]를 클릭한 후 원하는 테마를 선택해 봅니다.

TIP
Win10에서는 왼쪽 [테마] 탭을 클릭
한 후 설정을 변경할 수 있습니다.

1 크롬 브라우저를 이용해 '도미노 놀이' 웹사이트에 접속한 후 도미노 블록을 자유롭게 세워 보세요.

❶ **오른쪽 버튼 클릭** : 빈 곳을 선택해 도미노 블록을 추가할 수 있어요.

❷ **드래그** : 대지 주변을 드래그해 화면의 시점을 바꿀 수 있으며, 도미노 블록을 드래그하면 블록의 위치를 변경할 수 있어요.

❸ **휠 스크롤** : 화면을 확대 또는 축소할 수 있어요.

❹ **방향키(↑, ↓, ←, →)** : 선택된 도미노 블록의 방향을 전환할 수 있어요.

❺ 왼쪽 상단에서 도미노 블록의 색상을 변경할 수 있어요.

TIP

도미노는 이탈리아에서 유래한 놀이로, 첫 번째 블록을 밀어서 다른 블록들을 연이어 쓰러지게 만드는 방식의 보드게임입니다. 도미노 블록끼리의 적당한 간격을 두고 세워야 한 번에 블록들을 넘어뜨릴 수 있습니다.

2 도미노 맵이 완성되면 넘어뜨릴 방향을 선택해 화면 시점을 변경한 다음 블록을 마우스 오른쪽 버튼으로 클릭합니다.

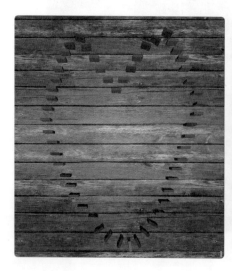

스테이지 클리어

1 [스테이지 06]-'인벤토리.jpg'를 활용해 바탕 화면을 변경하기

TIP

모니터 해상도에 따라 '인벤토리' 이미지가 보이지 않을 경우 '맞춤'으로 지정해 주세요.

사진 선택	사진 찾아보기
데스크톱 이미지에 맞게 선택	맞춤 ∨

2 바탕 화면의 아이콘을 원하는 위치로 이동하기

STAGE 07

창을 다양하게 커스텀 해볼까?

🪙 x3 🔑 x3

컴퓨토리얼 창의 크기와 위치 이동 및 창 전환하기
인터넷던전 유명한 거리를 내가 원하는 작품으로 커스텀해보기

QUEST

실습 및 완성파일 : [스테이지 07] 폴더

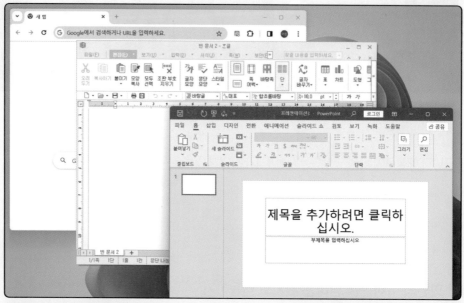

01 창 크기 조절하기

1 검색 상자를 이용해 '한글' 앱을 실행합니다.

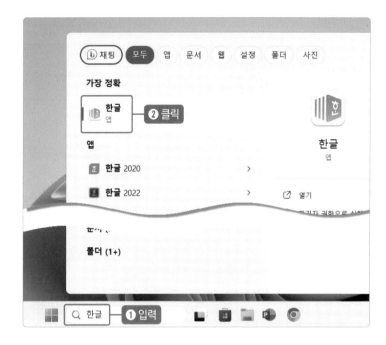

> **TIP**
>
> 검색 상자를 이용하면 원하는 앱을 빠르게 찾아 실행시킬 수 있어요.

2 최소화(_) 버튼을 클릭하면 창이 작업 표시줄로 숨겨져요.

3 작업 표시줄에서 실행 중인 '한글' 앱을 선택해 다시 활성화시킬 수 있습니다.

4 이전 크기로 복원(◻) 버튼을 클릭하면 창의 크기를 작게 축소할 수 있습니다.

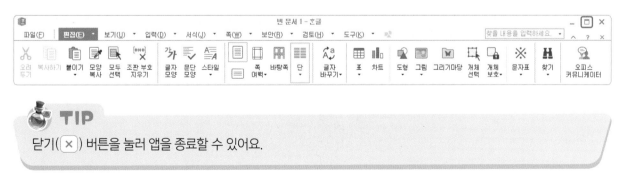

> **TIP**
>
> 닫기(×) 버튼을 눌러 앱을 종료할 수 있어요.

5 창의 오른쪽 가장자리를 드래그하여
가로 크기를 조절할 수 있어요.

6 아래쪽 가장자리를 드래그하면 창의
세로 크기를 조절할 수 있어요.

7 이번에는 창 모서리에 마우스 포인터
를 위치시켜 드래그 해보겠습니다.

02 창 위치 이동하기

1 제목 표시줄을 드래그하면 창의 위치를 이동할 수 있어요.

2 제목 표시줄을 바탕 화면의 왼쪽 끝까지 이동시키면 화면의 절반에 위치합니다.

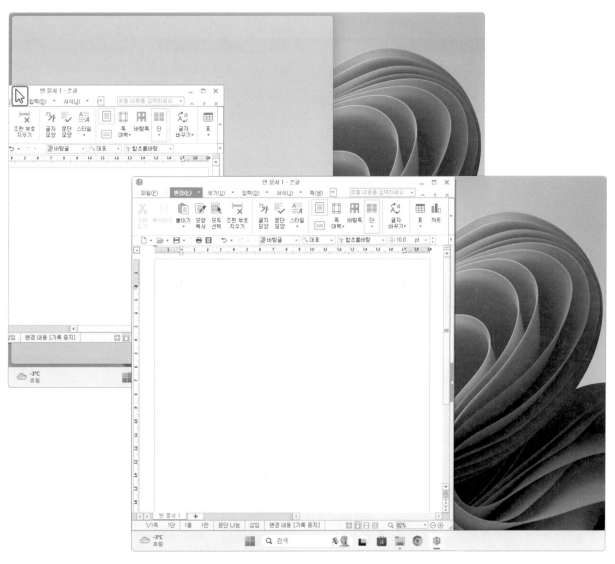

TIP

똑같은 방법으로 바탕 화면의 오른쪽으로 제목 표시줄을 드래그하면 화면의 오른쪽 절반에 위치하게 되며, 위쪽으로 드래그하면 창의 크기가 최대화됩니다.

윈도우 기능 중 '에어로(Aero)'는 '엿보기 기능'이라고 볼 수 있어요.

· 에어로 스냅

51 페이지에서 창의 위치를 이동시킬 때 제목 표시줄을 바탕 화면 가장자리로 드래그했던 것과 같이 창의 크기가 자동으로 조절되는 기능이에요. 윈도우 로고키와 방향키(↑, ↓, ←, →)를 함께 눌러 더 편리하게 사용할 수 있어요.

· 에어로 피크

작업 표시줄의 오른쪽 가장자리를 클릭하면 작업 중인 모든 창이 축소되어 바탕 화면을 볼 수 있습니다. 윈도우 로고키와 D 를 함께 눌러도 같은 결과가 나타날 거예요.

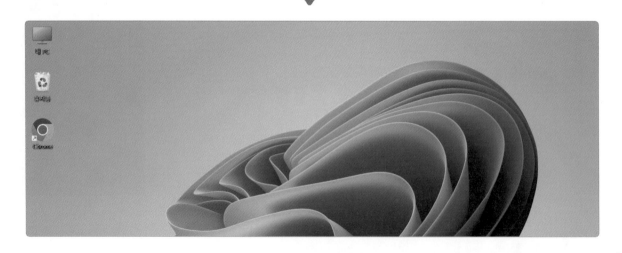

03 창 전환하기

1 원하는 창 3개를 활성화 후 아래와 같이 배치해 보세요.

2 Alt 를 누른 상태에서 Tab 으로 원하는 창을 선택하여 맨 앞쪽으로 배열할 수 있어요.

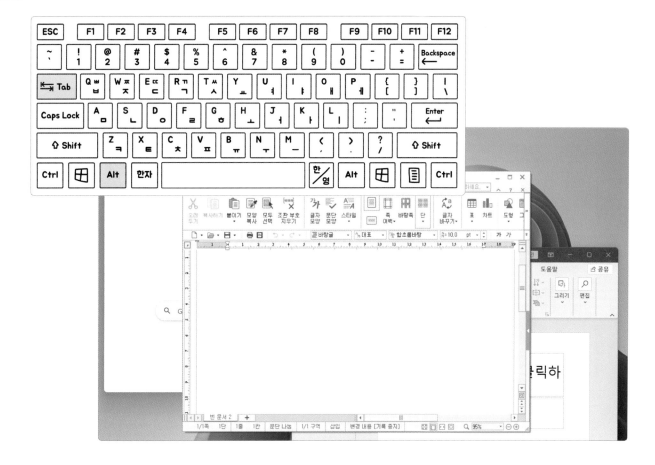

1 크롬 브라우저를 이용해 '스트리트 갤러리' 웹사이트에 접속한 후 (실험 실행)을 클릭합니다.

2 [나만의 갤러리 만들기]를 클릭하여 커스텀하려는 도시를 선택해 봅니다.

3 도시뷰가 활성화되면 화면을 드래그하여 예술작품을 전시할 곳이 보이도록 준비한 다음 [예술작품 추가]를 클릭합니다.

4 예술작품 목록이 표시되면 원하는 이미지를 선택한 후 크기와 위치를 조절해 보세요.

스테이지 클리어

1 [스테이지 07]-'마린캐치마인드.hwp' 파일을 열어 창 왼쪽에 배치하기

2 [스테이지 07]-[문제]-'문제 1.jpg' 파일을 열어 창 오른쪽에 배치하기

 TIP

- '문제 1.jpg' 파일이 열린 상태에서 좌우 방향키(↑, ↓, ←, →)를 누르면 [문제] 폴더 안의 다음 문제로 넘어갑니다.
- '마린캐치마인드.hwp' 각각의 칸에 정답을 입력해 보세요.

STAGE 08

아이템을 모아 파일과 폴더로 정리하자!

컴퓨토리얼 파일과 폴더의 개념과 관리 방법 학습하기
인터넷던전 쿠키런 캐릭터를 만들어 폴더에 추가하기

QUEST

실습 및 완성파일 : [스테이지 08] 폴더

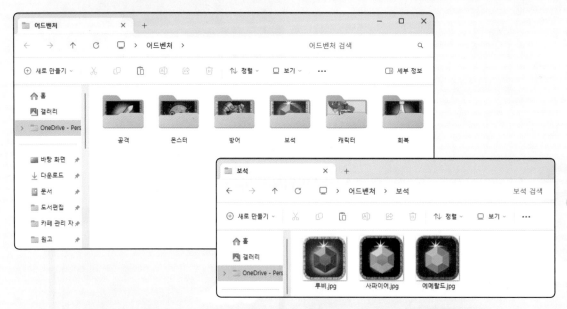

01 파일과 폴더 알아보기

• 파일이란 무엇일까?

컴퓨터에 저장된 여러 가지 자료를 '파일'이라고 해요. 그림파일, 문서파일 등 다양한 형태로 존재합니다.

• 폴더란 무엇일까?

관련 있는 파일들은 서로 묶어서 한 공간에 보관할 수 있는데, 이때 '폴더'를 이용해 분류하면 편리해요.
폴더는 기본적으로 노란색을 띄고 있어요.

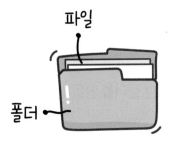

• 서로 관계가 있는 것끼리 연결해 보세요.

| 파일 | 파일을 저장하는 공간 | |

보고서.hwp 멍냥이.jpg 블록놀이.mp4

| 폴더 | 문자, 그림, 동영상 등의 자료 | |

새 폴더   마린북스

02 새 폴더 만들기

1️⃣ 바탕 화면의 빈 공간에서 마우스 오른쪽 버튼을 눌러 [새로 만들기]-[폴더]를 클릭하여 새로운 폴더를 만들어요.

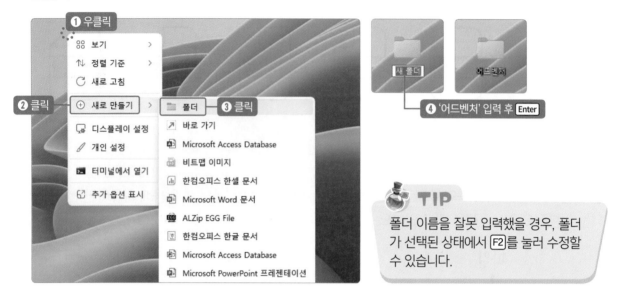

> **TIP**
> 폴더 이름을 잘못 입력했을 경우, 폴더가 선택된 상태에서 F2를 눌러 수정할 수 있습니다.

2️⃣ [어드벤처] 폴더를 더블 클릭하여 활성화시킨 후 아래와 같이 필요한 폴더를 만들어 줍니다.

> **TIP**
> [보기]-[큰 아이콘]을 눌러 폴더(또는 파일)을 크게 볼 수 있습니다.

03 파일 이동시키기

1 [스테이지 08] 폴더를 열어줍니다.

2 Ctrl을 누른 채 '루비', '사파이어', '에메랄드' 그림 파일을 각각 선택한 후 복사(Ctrl+C)합니다.

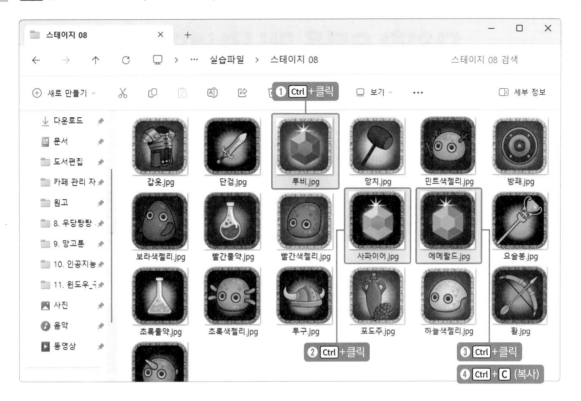

3 바탕 화면에 만들었던 [어드벤처]–[보석] 폴더를 열어 붙여넣기(Ctrl+V)합니다.

4 같은 방법으로 [공격], [몬스터], [방어], [회복] 폴더에 들어갈 아이템을 복사해 넣어보세요.

1️⃣ 크롬 브라우저를 이용해 '쿠키런 매직 오븐' 웹사이트에 접속한 후 START 를 클릭합니다.

2️⃣ 아래 그림과 같은 순서로 버튼을 클릭합니다.

3️⃣ 여러 가지 아이템을 활용해 멋진 쿠키를 완성한 후 ☑️을 클릭합니다.

TIP

머리 모양을 선택한 다음 을 눌러 원하는 색상을 고를 수 있어요.

4 이벤트 페이지가 표시되면 <저장하기>를 클릭해 주세요.

5 똑같은 방법으로 여러 개의 쿠키런 캐릭터를 만들어 저장해 봅니다.

1 바탕 화면의 [어드벤처] 폴더 안에 새롭게 폴더를 생성합니다.

2 [다운로드] 폴더를 열어 저장한 쿠키 이미지를 모두 선택 후 복사(Ctrl+C)합니다.

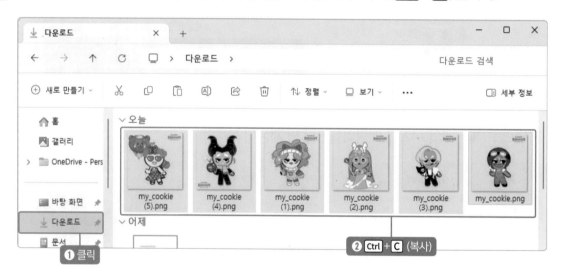

3 [어드벤처]-[캐릭터] 폴더 안에 쿠키 그림을 붙여넣기(Ctrl+V)한 다음 이름을 변경해 보세요.

🎩 **TIP**

그림이 선택된 상태에서 F2를 누르면 파일의 이름을 수정할 수 있습니다.

1 [어드벤처] 폴더 안에 [그림모음] 폴더를 만들어 모든 이미지를 붙여넣기

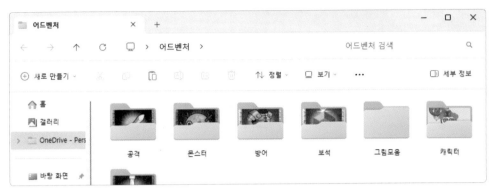

2 [그림 모음] 폴더에서 파일의 [분류 방법]을 [이름]으로 지정하기

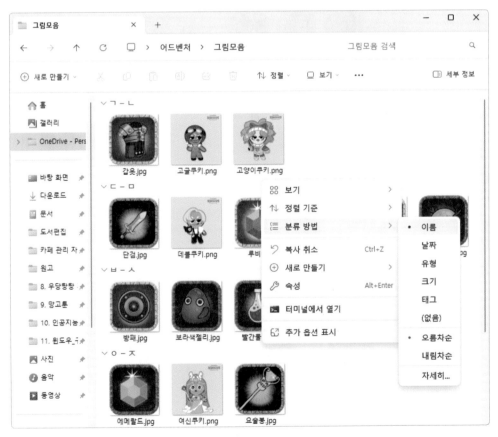

 TIP

[정렬 기준]과 [분류 방법]을 변경하면 폴더 안의 파일들을 기준에 맞추어 정리할 수 있어요.

아이템과 돈을 하나의 파일로 압축하자!

컴퓨토리얼 압축 풀기 및 압축하기 방법 알아보기
인터넷던전 픽셀 아트를 이용해 아이템 디자인하기

QUEST

실습 및 완성파일 : [스테이지 09] 폴더

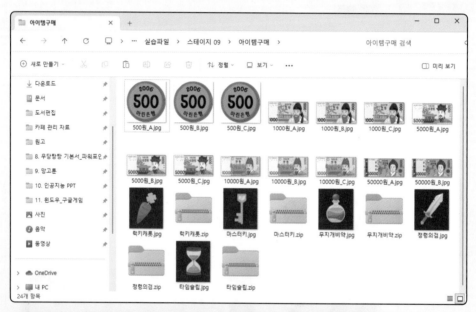

01 파일 압축에 대해 알아보기

• 여행 가방에 옷을 담아보자!

아래와 같이 여러 벌의 옷을 여행 가방에 담기 위해서는 어떻게 하는 것이 좋을까요?

차곡차곡 옷을 접어서 부피를 줄이면, 더 많은 양의 옷을 담을 수 있어요.

• 파일 압축이란?

여러 개의 파일들을 하나의 파일로 묶는 것을 '압축'이라고 해요.

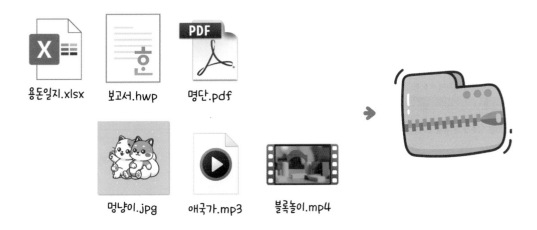

- 파일 압축을 왜 하나요?

❶ 파일의 크기를 줄일 수 있어요!

파일의 용량을 줄이면 컴퓨터에 더 많은 공간을 확보할 수 있어요.

❷ 파일을 보관하거나 주고받을 때 편리해요!

여러 개의 파일을 하나의 파일로 압축하면 파일을 보관하기 간편하고, 다른 사람들과 압축된 파일을 공유할 수도 있어요.

02 압축 풀기 및 압축하기

1 [스테이지 09]-'아이템구매.zip' 파일 위에서 마우스 오른쪽 버튼을 눌러 [압축 풀기]를 클릭합니다.

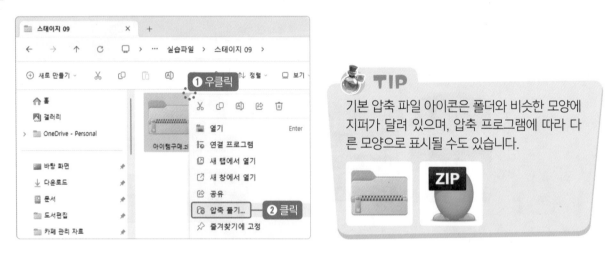

TIP

기본 압축 파일 아이콘은 폴더와 비슷한 모양에 지퍼가 달려 있으며, 압축 프로그램에 따라 다른 모양으로 표시될 수도 있습니다.

2 <압축 풀기>를 클릭한 후 표시되는 파일을 확인해 봅니다. [보기]-[큰 아이콘]을 눌러 그림을 미리볼 수 있어요.

3 아래 아이템을 구매할 수 있도록 알맞은 금액의 화폐 파일을 압축해 보도록 할게요.

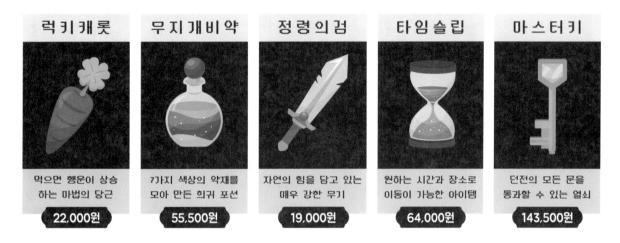

4 '럭키캐롯' 아이템을 구매하기 위해 럭키캐롯 이미지, 10,000원짜리 2개, 1,000원짜리 2개를 각각 선택한 후 [ZIP 파일로 압축]합니다.

5 압축이 완료되면 파일의 이름을 '럭키캐롯.zip'으로 변경해 보세요.

🧪 **TIP**

선택된 파일이 압축되더라도 원본 파일은 제자리에 남아있는 것을 확인할 수 있습니다.

6 똑같은 방법으로 나머지 아이템을 각각 구매할 수 있도록 필요한 돈과 아이템 이미지를 압축해 보세요.

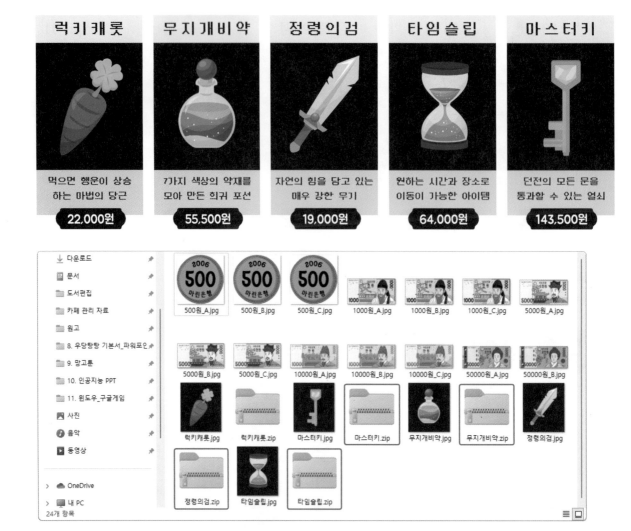

 파일 이름을 정할 때는 이렇게 해요!

[화폐] 폴더 안의 파일 이름을 살펴보면, 금액 뒤쪽에 영문이 붙어있는 것을 확인할 수 있습니다. 한 공간에서 똑같은 파일명을 사용할 수 없기 때문이에요.

*파일 이름 붙일 때 주의사항

① 'jpg', 'zip' 등 파일명 끝에 붙는 확장자는 변경하지 않기(확장자를 바꾸면 파일이 정상적으로 열리지 않아요.)

② 파일 정보를 미리 확인할 수 있는 이름을 붙이기

③ 다른 파일 또는 폴더와 이름이 중복되지 않도록 주의하기

01 픽셀 아이템 디자인하기

1 크롬 브라우저를 이용해 '픽셀 아이템 제조기' 웹사이트에 접속합니다.

2 오른쪽 팔레트의 첫 번째 색상을 클릭한 후 연한 색상을 선택합니다.

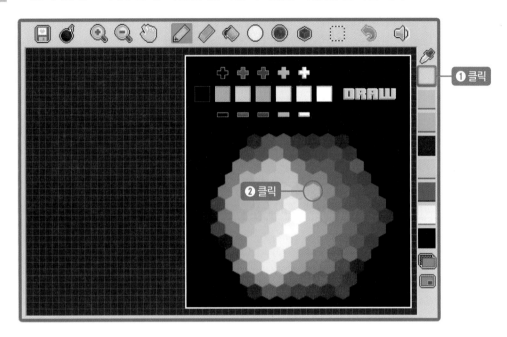

3 ✏️ 도구로 포션 모양을 스케치 한 후 🎨 도구를 선택해 안쪽을 채워주세요.

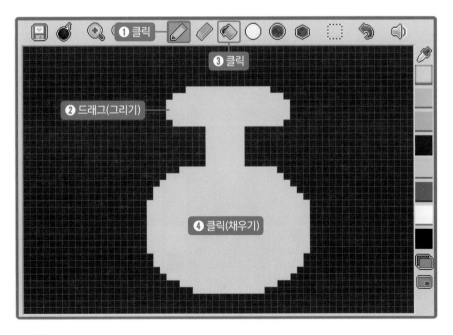

 TIP

✏️를 이용하면 덧칠이 가능하고, 🧽를 이용해 색을 지울 수 있어요. 만약 그림을 처음부터 다시 그리고 싶다면
💣를 눌러 전체 삭제가 가능합니다.

4 자유롭게 색상을 바꾸면서 포션을 예쁘게 색칠해 보세요.

 TIP
상단의 🔄를 누르면 이전 작업 상태로 되돌릴 수 있어요!

5 ⬤를 이용해 진하게 명암 효과를 줍니다. 덧칠할수록 진한 색이 표시됩니다.

6 이번에는 ◯를 이용해 밝은 명암 효과를 적용해 입체적인 그림을 완성해요.

7 💾을 클릭하면 완성된 그림을 저장할 수 있습니다.

스테이지 클리어

1 비슷한 점이 있는 그림끼리 서로 묶어 압축해보고, 공통점을 적어보세요.

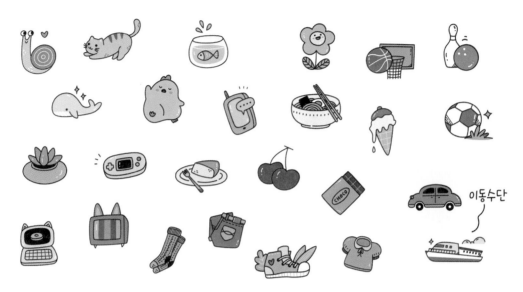

이동수단

2 파일 · 압축에 관련된 문제를 읽고 O X 퀴즈를 풀어보세요.

❶ 여러 개의 파일들을 하나의 파일로 묶는 것을 '압축'이라고 해요.

❷ 한 번 압축된 파일은 다시 열어볼 수 없어요.

❸ 비슷한 파일에 똑같은 이름을 붙이는 것은 당연해요.

❹ 압축된 아이콘은 자물쇠 모양이에요.

❺ 압축된 파일은 내용을 예측할 수 있는 이름을 붙이는 것이 좋아요.

×3 🔑 ×3

불필요한 아이템은 휴지통으로!

컴퓨토리얼 휴지통 앱 이용방법 익히기
인터넷던전 모래놀이터로 정원 꾸미기

QUEST

실습 및 완성파일 : [스테이지 10] 폴더

01 휴지통 앱에 대해 알아보기

· 아래 지문을 읽고 퀘스트를 진행해 보세요!

오늘의 퀘스트를 진행하려고 해요. 정원을 꾸밀 때 불필요한 아이템 5개를 찾아 X표시 해보세요.

· 휴지통 앱은 무슨 역할을 할까요?

게임에서 인벤토리가 가득 찰 경우 팔기도 하고, 버리기도 하지요. 컴퓨터를 이용하다보면 오래되거나 불필요한 파일(문서, 이미지 등) 등을 삭제해야 하는 경우가 발생하는데, 이 때 '휴지통 앱'을 이용하여 아이콘을 지울 수 있습니다.

02 불필요한 파일 삭제하기

1 [스테이지 10]-[정원꾸미기] 폴더를 열어 이미지 파일을 확인해 보세요.

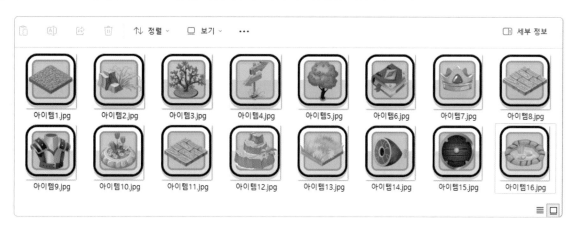

2 '오늘의 퀘스트'인 정원꾸미기에 불필요한 이미지를 삭제하기 위해 '아이템6.jpg'을 선택하여 Delete 를
누릅니다.

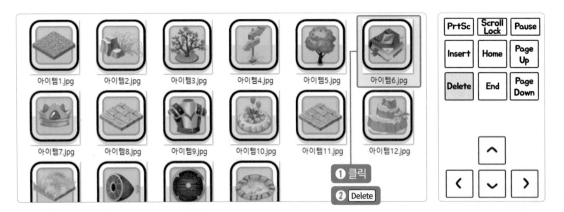

3 해당 파일이 삭제된 것을 확인합니다.

4 바탕 화면에서 '휴지통' 앱을 찾아 마우스 오른쪽 버튼을 누른 후 [휴지통 비우기]를 클릭합니다.

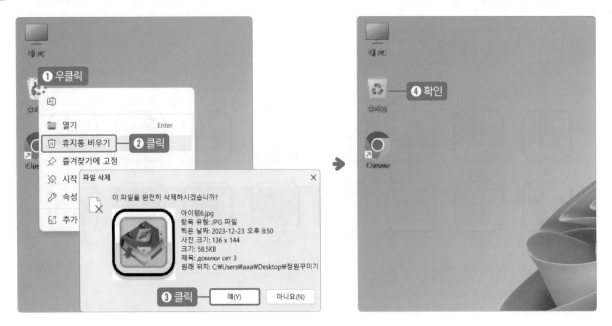

03 휴지통 복원하기 및 비우기

1️⃣ [정원꾸미기] 폴더에서 '아이템5.jpg'를 선택한 상태에서 Shift 를 누른 채 '아이템10.jpg'를 클릭합니다.

2️⃣ '아이템5~아이템10.jpg' 이미지가 모두 선택되면 Delete 를 눌러 삭제합니다.

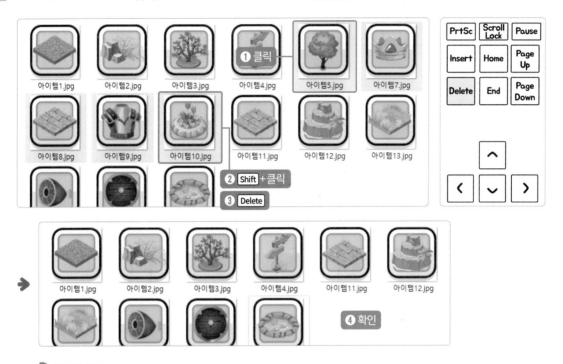

> **TIP**
>
> 연속되는 그림은 Shift 로, 비연속적인 그림은 Ctrl 을 이용하면 여러 개의 파일을 한 번에 선택할 수 있어요!

3️⃣ 이번에는 삭제된 그림을 다시 복원해보도록 할게요.

4️⃣ '휴지통' 앱을 실행시킨 후 '정원꾸미기'에 필요한 파일을 Ctrl 을 이용해 선택한 후 [복원]합니다.

5 복원한 파일들이 [정원꾸미기] 폴더 안으로 이동된 것을 확인할 수 있어요.

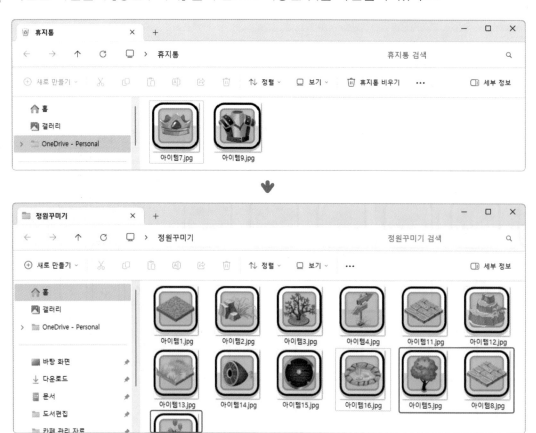

6 '정원꾸미기' 퀘스트에 불필요한 아이템을 모두 삭제하여 휴지통으로 이동시켜 주세요.

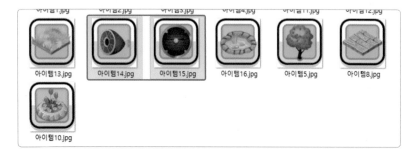

7 '휴지통' 앱 위에서 마우스 오른쪽 버튼을 눌러 [휴지통 비우기]를 클릭해 파일을 영구적으로 삭제합니다.

01 모래놀이터 살펴보기

1 크롬 브라우저를 이용해 '모래놀이터' 웹사이트에 접속한 후 [Reset] 을 클릭하여 빈 화면으로 만들어줍니다.

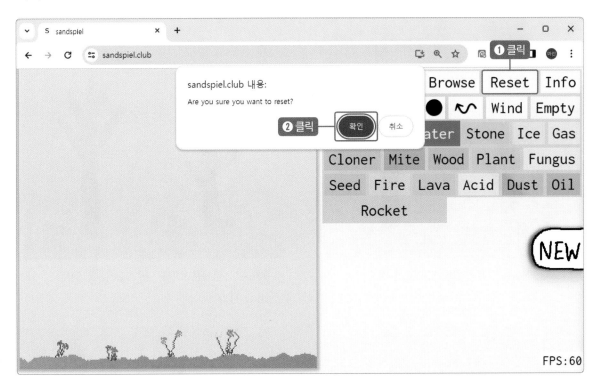

2 작업 전 각각의 재료들을 살펴볼까요?

Wind 바람	Gas 가스	Fire 불
Empty 지우기	Cloner 복제	Lava 용암
Wall 벽	Mite 진드기	Acid 산성
Sand 모래	Wood 나무	Dust 먼지
Water 물	Plant 식물	Oil 기름
Stone 돌덩이	Fungus 곰팡이	Rocket 로켓
Ice 얼음	Seed 씨앗	∿ 되돌리기

02 모래놀이터로 멋진 정원 꾸미기

1 아래 과정을 참고해 정원을 꾸며보세요.

❶ Sand , Wood 으로 땅과 나무 그리기

❷ Stone 으로 돌덩이를 그린 후 Seed 으로 씨앗 심기

❸ Plant 으로 나무 완성하기

❹ Water 로 물을 주면서 식물 기르기

원하는 모양이 나오지 않았다면, ∿ 을 눌러 이전 상태로 복원할 수 있어요!

스테이지 클리어

1 바탕 화면에 원하는 이름의 '텍스트 문서'를 생성하기

2 두 개의 파일을 선택한 후 [Shift] + [Delete]를 눌러 삭제하기

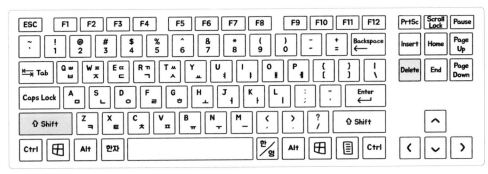

 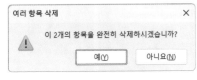

🧪 **TIP**

 [Shift] + [Delete]를 이용하면 휴지통을 거치지 않고 바로 영구 삭제가 가능합니다.

STAGE 11

🪙 x3 🗝 x3

파일 형식에 따라 달라지는 능력치!

컴퓨토리얼 여러 가지 파일 형식 알아보기
인터넷던전 웹툰을 만들어 PNG 파일로 저장하기

QUEST

실습 및 완성파일 : [스테이지 11] 폴더

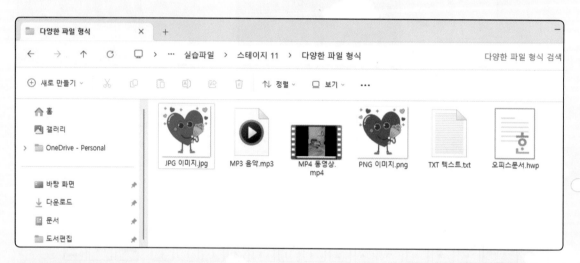

• 파일 형식이란 무엇일까?

우리가 컴퓨터에서 사용하는 파일에는 '문서, 그림, 음악, 동영상' 등 다양한 종류가 있어요. 이러한 파일들은 각각 다른 내용을 가지고 있는데요. 파일 형식은 컴퓨터에서 파일을 저장하고 실행하기 위해서는 파일 형식 구분이 필수적입니다. 파일 형식이 없다면 컴퓨터는 파일의 내용을 이해할 수 없기 때문이지요.

• 파일 형식에는 이런 것들이 있어요!

1 문서 파일 형식 : 사람이 읽고 이해할 수 있는 정보를 포함하고 있습니다. 문서 파일에는 텍스트 파일, 오피스 문서 파일 등이 있어요.

2 미디어 파일 형식 : 이미지, 소리, 비디오와 같은 데이터를 저장하는 데 사용되는 파일 형식입니다.

1 [스테이지 11]-[다양한 파일 형식] 폴더에서 각각의 파일들을 열어보면서 파일 형식을 살펴보세요.

2 이미지 파일 형식 중 JPG와 PNG의 가장 큰 차이는 '투명 배경 지원'을 하는지에 따라 구분할 수 있습니다.

3 'JPG 이미지.jpg' 파일과 'PNG 이미지.png' 파일을 각각 열어 비교해 보세요.

▲ JPG 이미지

▲ PNG 이미지

 TIP

이미지에서 투명한 부분은 검정색으로 표시됩니다.

01 웹툰의 배경과 캐릭터 추가하기

1 크롬 브라우저를 이용해 '쿠키런 웹툰' 웹사이트에 접속합니다.

2 배경에서 원하는 그림을 선택한 후 배경을 배치할 패널을 클릭해 주세요.

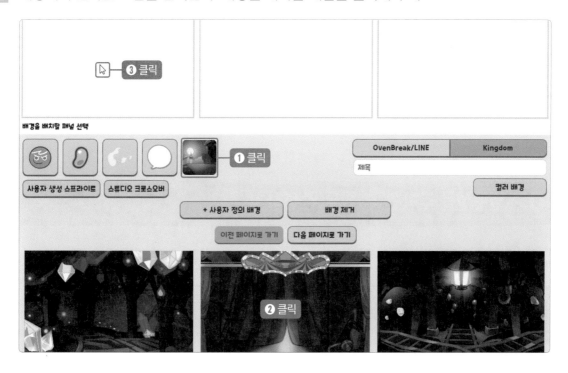

3 배경이 삽입되면, 이번에는 원하는 캐릭터를 추가해봅니다. 원하는 쿠키 얼굴을 선택하면 다양한 포즈가 보일 거예요.

TIP

왼쪽 상단에 있는 🔙 단추를 누르면 이전 단계로 되돌아갈 수 있어요.

4 크기 조절 막대를 이용해 캐릭터의 크기를 바꾼 후 위치를 적당하게 이동합니다.

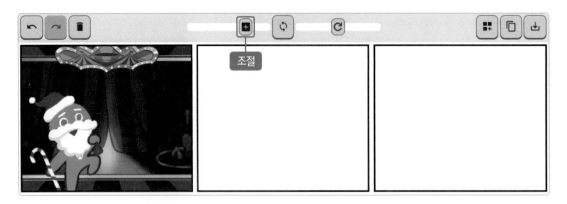

02 말풍선을 추가한 후 웹툰 완성하기　인터넷던전

1 말풍선 기능을 이용해 원하는 대사를 입력해 보세요.

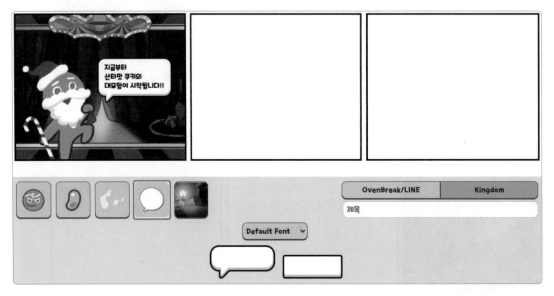

TIP
Sample Text 스타일을 선택해 글자 서식을 고를 수 있어요.
아래 화살표를 선택하면 말풍선 꼬리의 모양을 정할 수 있습니다.

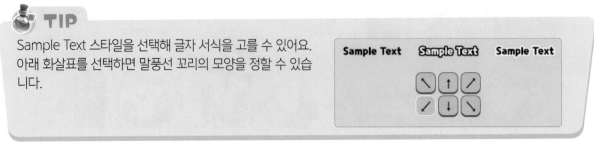

2 캐릭터, 소품, 효과, 말풍선, 배경을 이용해 재미있는 쿠키런 웹툰을 만들어본 후 오른쪽 상단의 ⬇ 단추를 눌러 PNG 파일로 저장해 보세요.

스테이지 클리어

1 파일 형식과 내용으로 알맞은 것끼리 연결해보기

용량이 작은
이미지 파일

음악을
재생할 수 있는
파일

서식이 없는
문자 파일

비디오와
오디오가 결합된
동영상 파일

특정 앱에서만
편집이 가능한
문서 파일

투명 배경이
허용되는
이미지 파일

×3 ×3

그림판으로
몬스터 생성하기!

컴튜토리얼 그림판 앱을 이용해 몬스터 꾸미기
인터넷던전 질감이 살아있는 명화 채색하기

QUEST

실습 및 완성파일 : [스테이지 12] 폴더

01 채우기 도구로 색칠하기

1 [스테이지 12]-'스케치.emf' 파일 위에서 마우스 오른쪽 버튼을 눌러 [연결 프로그램]-[그림판]을 클릭해요.

2 그림판 앱을 통해 파일이 열리면 🖌(채우기) 도구를 선택한 다음 원하는 색을 골라 몬스터의 몸을 색칠해 보세요.

🖌(채우기) 도구로 색을 채울 때는 색칠하려는 '면적'을 선택합니다. 만약 색이 잘못 채워졌다면, 상단의 ↻(실행 취소)를 눌러 이전 단계로 돌아갈 수 있어요.

02 브러시 도구로 그림 그리기

1 기본 (브러시) 도구를 선택한 후 검정색으로 입을 그려줍니다.

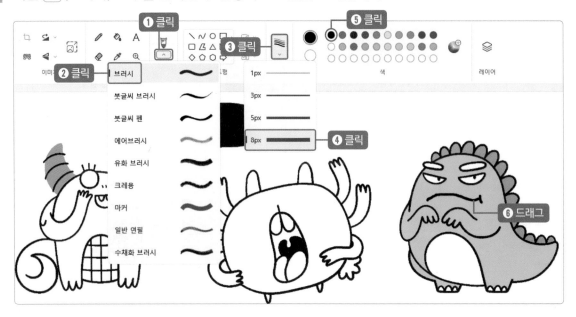

2 이번에는 (에어브러시)로 몬스터 몸에 재미있는 무늬를 그려보세요.

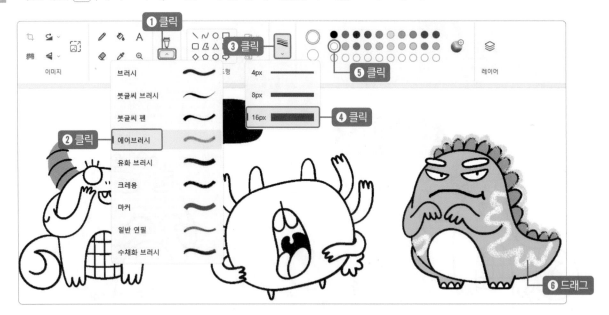

그림판 앱에 대해 알아볼까요?

그림판은 윈도우 운영체제의 기본 그래픽 편집기예요. 초창기에는 간단한 그림 작업이 가능하도록 페인트 (채우기)와 브러시(그리기)와 같은 기본적인 도구를 제공했답니다. 이후 다양한 색상 제공, 도형, 레이어 등의 기능이 추가되면서 점차 사용이 편리해지고 있지요.

03 도형 추가하기

1 도형 꾸러미에서 원하는 도형을 선택한 후 채우기 종류와 색상을 지정합니다.

2 몬스터 배 부분을 드래그하여 도형을 추가합니다.

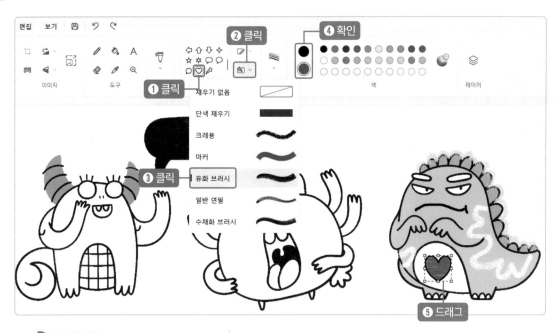

TIP

도형을 추가할 때, 팔레트에 선택된 색상 중 '색 1'은 선 색, '색 2' 는 채우기 색으로 적용됩니다.

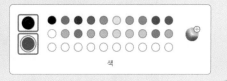

3 배운 기능을 활용해 나머지 몬스터를 예쁘게 꾸며보세요.

TIP

팔레트 오른쪽에서 (색 편집)을 클릭하면 다양한 색상을 선택할 수 있습니다.

1 크롬 브라우저를 이용해 '명화 색칠놀이' 웹사이트에 접속한 후 게임 플레이 를 클릭합니다.

2 여러 가지 명화가 표시되면 원하는 그림을 선택해 주세요.

3 아래쪽 팔레트의 색상을 선택해 명화를 멋지게 채색해 봅니다.

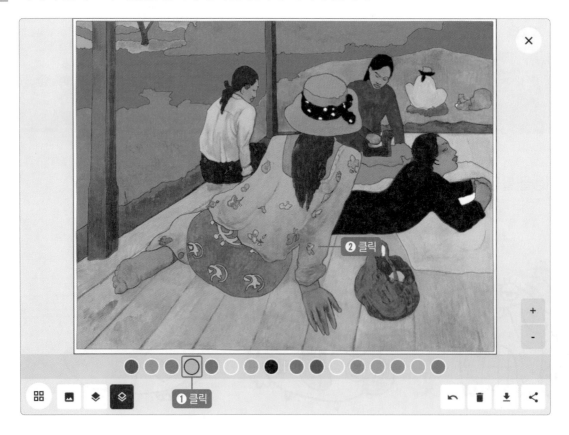

스테이지 클리어

1 덧셈, 뺄셈을 하여 정답 숫자를 해당 위치에 적어보기

▲ 문제   ▲ 정답

2 [스테이지 12]-'집.emf'를 그림판으로 열어 ✏ (색 선택) 도구로 색칠 및 꾸미기

TIP

✏ (색 선택) 도구를 이용해 정답에 해당하는 색상을 추출한 후 🪣 (채우기) 도구로 해당 부분을 색칠할 수 있어요.

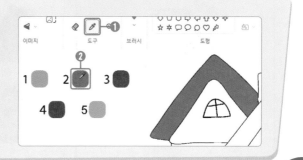

메모 관련 앱과 이모지 몬스터!

컴튜토리얼 메모 관련 앱을 살펴보고 이모지 입력하기

인터넷던전 이모지를 조합해 몬스터 만들기

QUEST

실습 및 완성파일 : [스테이지 13] 폴더

리스폰 몬스터.txt ☓ ＋ ― ☐ ✕

파일   편집   보기   ⚙

좀비 : 밤에만 공격 활동을 함

스켈레톤 : 활과 화살을 사용하여 플레이어를 공격

거미 : 벽을 타고 올라갈 수 있음

크리퍼 : 폭탄을 설치하여 공격

가디언 : 바다 깊은 곳에서 서식

엔더 드래곤 : 최종 보스로, 강력한 공격력이 있음

＋   ⋯ ✕

<이번주 해야 할 일>

1. 할머니 생신 선물 사기 🎁 😀
2. ~~자전거에 바람 넣기~~ 🚲 😎
3. 내 방 청소 🧹 🧺 📻
4. **동시짓기 숙제 끝내기** ˙͡˚(>__<)͡˙

B *I* U̲ a̶b̶ ☰ 🖼

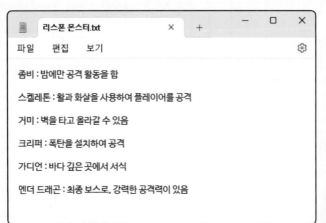

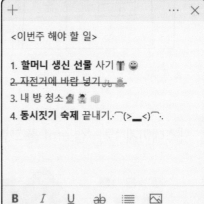

1 검색 상자에 '메'를 입력한 후 '메모장' 앱을 찾아 클릭합니다.

TIP

▦(윈도우 시작 단추)를 누르면 실행 가능한 앱의 목록을 볼 수 있습니다. 앱의 이름을 정확하게 알고 있다면, 위와 같은 방법으로 이름을 검색해서 찾는 것이 편리할 거예요!

2 앱이 실행되면 [파일]-[열기]를 클릭한 다음 [스테이지 13] 폴더 안에서 '리스폰 몬스터.txt' 파일을 선택해 주세요.

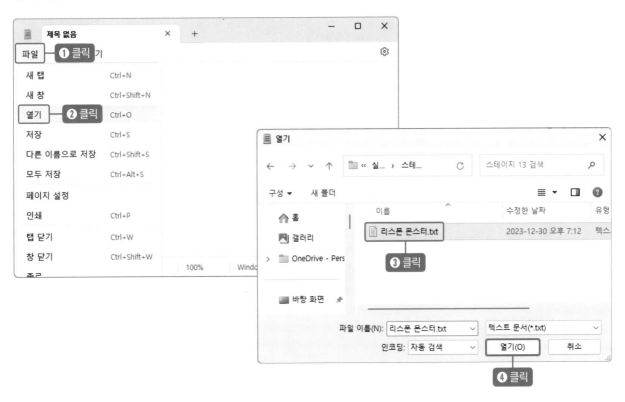

3 파일이 열리면 메모장의 내용을 확인해본 후 ⨯ 를 눌러 종료합니다.

1 '스티커 메모' 앱을 실행한 후 이번 주 일정을 간단하게 입력해 보세요.

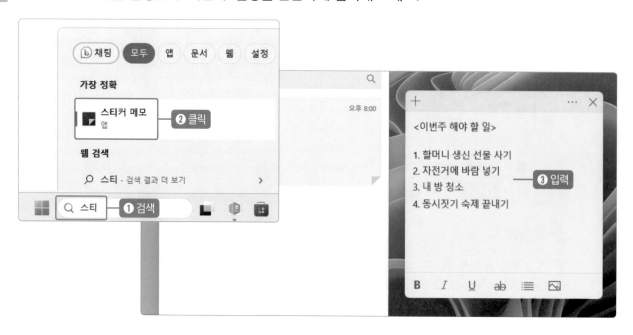

2 중요한 일정은 **B** (굵게), 완료된 일정은 ⌫ (취소선)을 표시해 봅니다.

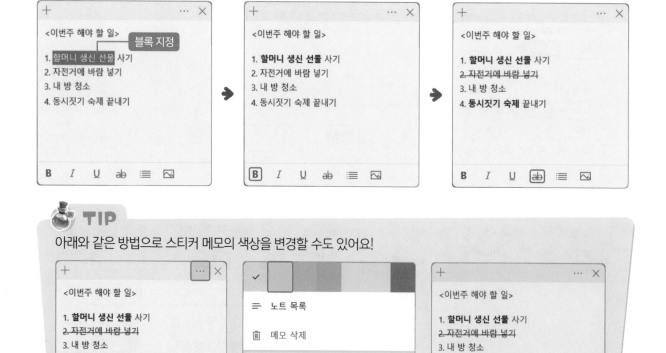

1 첫 번째 항목 뒤쪽을 클릭해 커서가 위치되면 <윈도우 키>를 누른 채 마침표<.>를 누릅니다.

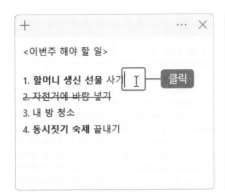
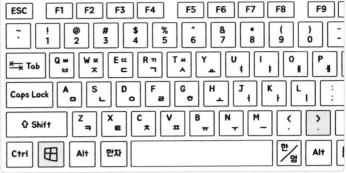

2 원하는 이모지를 찾아 선택해 봅니다.

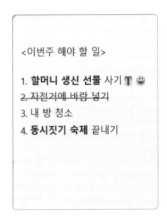

3 똑같은 방법으로 여러 가지 그림을 추가해 보세요.

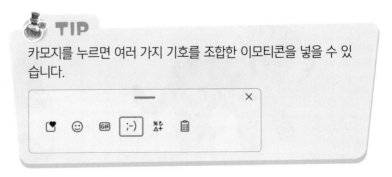

TIP
카모지를 누르면 여러 가지 기호를 조합한 이모티콘을 넣을 수 있습니다.

1 크롬 브라우저를 이용해 '이모지 몬스터' 웹사이트에 접속한 후 화면 구성을 살펴봅니다.

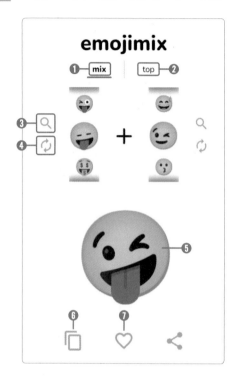

❶ 여러 가지의 이모지를 만들 수 있는 곳이에요.

❷ 내가 찜한 이모지가 모여 있는 곳이에요.

❸ 원하는 이모지를 직접 선택할 수 있어요.

❹ 랜덤으로 이모지를 선택할 수 있어요.

❺ 완성된 이모지가 표시되며, 이곳을 클릭하면 랜덤으로 새로운 이모지가 만들어져요.

❻ 클릭하면 이모지를 복사할 수 있고, 마우스 오른쪽 버튼으로 누르면 저장이 가능해요.

❼ 현재 이모지를 찜할 수 있어요.

2 다양한 이모지 몬스터를 만든 다음 ♡ 를 눌러 찜해보세요.

스테이지 클리어

1 스티커 메모를 추가해 자유롭게 내용 입력하기

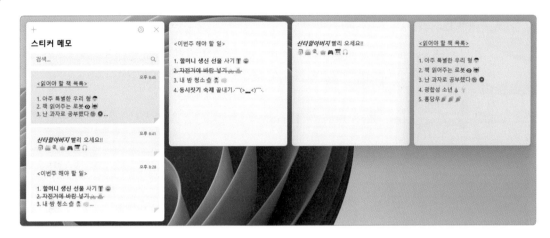

2 바탕 화면에서 원하는 위치로 스티커 메모 이동시키기

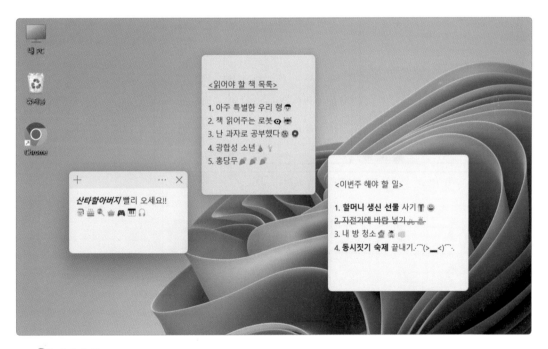

 TIP

스티커 메모의 오른쪽 또는 아래쪽 가장자리를 드래그하여 메모장의 크기를 조절할 수 있습니다.

아이템 구매에 필요한 골드 계산하기!

컴퓨토리얼 계산기 앱 활용 방법 익히기
인터넷던전 수학 놀이 콘텐츠 체험하기

QUEST

실습 및 완성파일 : [스테이지 14] 폴더

계산기

≡ 표준 ⟠   🕘

33700 + 20900 =

54,600

MC	MR	M+	M-	MS	M˅
%	CE	C	⌫		
¹/x	x²	²√x	÷		
7	8	9	×		
4	5	6	−		
1	2	3	+		
+/-	0	.	=		

계산기

≡ 날짜 계산

날짜 간 차이 ˅

2024년 5월   ▲ ▼

일	월	화	수	목	금	토
28	29	30	1	2	3	4
5	6	7	8	9	10	11
12	13	14	15	16	17	18
19	20	21	22	23	24	25
26	27	28	29	30	31	1
2	3	4	5	6	7	8

계산기

≡ 길이

463

센티미터 ˅

4.63

미터 ˅
대략 같음
5.06 yd   15.19 ft   ✈ 0.06 점보제트

	CE	⌫
7	8	9
4	5	6
1	2	3
	0	.

⏻ 🔊 ↺ ❓ ⛶   00:00:11.57

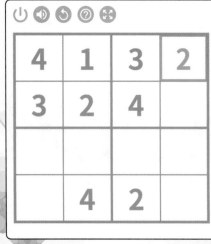

4	1	3	2
3	2	4	
	4	2	

7	8	9
4	5	6
1	2	3

확인   ✖

01 필요한 골드 계산하기

1 아래 아이템을 모두 구매하기 위해서는 얼마가 필요한지 계산해 보도록 할게요.

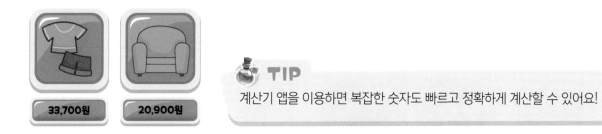

33,700원   20,900원

TIP
계산기 앱을 이용하면 복잡한 숫자도 빠르고 정확하게 계산할 수 있어요!

2 검색 상자에 '계'를 입력한 후 '계산기' 앱을 찾아 클릭합니다.

3 키패드를 눌러 두 아이템에 필요한 골드를 더해보세요.

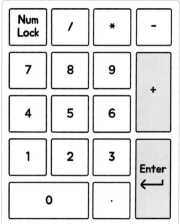

4 6개의 아이템을 모두 구매하려면 골드가 얼만큼 필요한지 계산기 앱을 이용해 맞혀보세요.

• 계산 결과는 얼마인가요?

[   ] 원

5 내가 가지고 있는 골드가 아래와 같다면 위 아이템을 모두 사고 남은 골드는 얼마일까요?

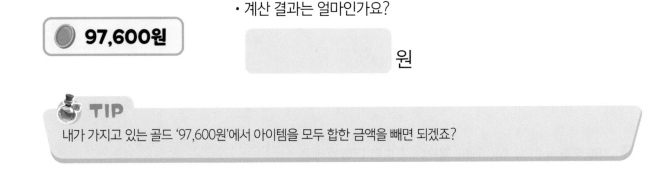

🔵 **97,600원**

• 계산 결과는 얼마인가요?

[   ] 원

TIP

내가 가지고 있는 골드 '97,600원'에서 아이템을 모두 합한 금액을 빼면 되겠죠?

6 계산기 앱을 이용하여 남는 금액을 계산해 보세요.

❶ 나는 골드 71,600원을 가지고 있어요.

🔵 **71,600원**

❷ 가진 골드로 다음과 같은 아이템을 구매했어요.

• 얼마가 남았을까요?

[   ] 원

02 이벤트 날짜 계산하기

1 계산기 앱으로 어린이날 이벤트까지 며칠이 남았는지 쉽게 알아볼 수 있어요.

2 [탐색 열기]-[날짜 계산]을 클릭합니다.

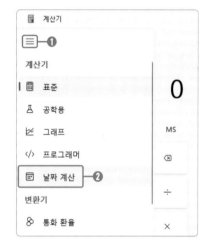

3 오늘 날짜인 [시작일]은 그대로 두고, 다가오는 어린이날을 입력하기 위해 [종료일]을 클릭해 날짜를 지정합니다.

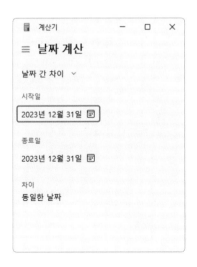

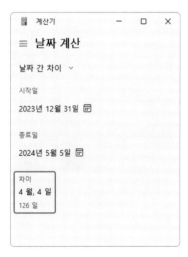

4 어린이날까지 며칠이 남았는지 확인하고 적어보세요.

일

1 아래 캐릭터의 키를 모두 더한 후 m(미터)로 변환해 보도록 하겠습니다.

142cm	168cm	153cm

2 계산기 앱을 이용해 캐릭터의 키를 모두 더해보세요.

 TIP

날짜 계산 상태에서 계산기 앱에서 [탐색 열기]-[표준]을 눌러 계산기의 모드를 변경할 수 있습니다.

3 [탐색 열기]-[변환기-길이]를 선택한 후 미터로 변환해 보세요.

04 미국 돈을 우리나라 돈으로 환전해보기

1 미국은 화폐 단위로 '달러'를 쓰고, 대한민국은 화폐 단위로 '원'을 사용합니다. 이번에는 미국 1달러가 우리 돈으로 얼마인지 알아볼까요?

2 계산기의 [탐색 열기] 버튼을 클릭하여 [통화 환율]을 선택한 후 "1"을 입력하고 단위를 클릭하여 '미국 – 달러'를 선택하세요. 아래쪽의 단위를 클릭하여 '한국 –원'을 선택하면 1달러가 우리 돈으로 얼마인지 계산돼요.

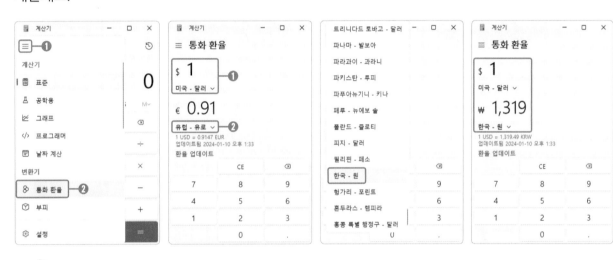

TIP

'환율'은 두 나라 돈을 맞바꾸는 비율이며, 매일 조금씩 달라집니다.

3 다음은 세계 최대의 쇼핑몰 아마존(www.amazon.com)에서 판매되는 아이폰이에요. 아이폰의 가격이 현재 한국 돈으로 얼마인지 계산해 보세요.

_____ 원

amazon

Apple iPhone 11
256GB
Black
$ **729**

01 스도쿠 놀이로 수학 능력 업그레이드하기

1 크롬 브라우저를 이용해 '수학 놀이' 웹사이트에 접속한 다음 '스도쿠(초급) 콘텐츠를 선택합니다.

2 비어있는 칸을 선택한 다음 오른쪽에 알맞은 숫자를 클릭해 넣어보세요.

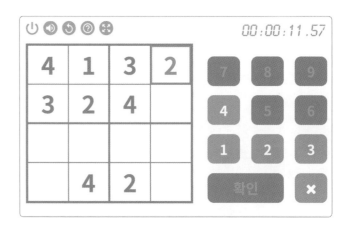

 스도쿠 규칙을 알아보자!

스도쿠는 격자에 겹치지 않는 숫자를 채워 넣는 방식으로 진행돼요. '초급' 단계에서는 가로 4칸, 세로 4칸으로 이루어져 있기 때문에 가로, 세로, 대각선 방향에 1부터 4까지의 숫자가 겹치지 않도록 잘 배치하면 성공하는 게임입니다.

3 다양한 수학 놀이 콘텐츠 중 원하는 것을 플레이 해보세요!

스테이지 클리어

1 계산기 앱을 이용해 남은 돈을 계산해 보세요.

🔵 **99,900원**

| 24,600원 | 33,700원 | 16,700원 | 9,400원 |

▲ 가진 돈　　　　　　　　▲ 구매해야 하는 패션아이템

· 패션아이템을 구매하고 남은 돈은 얼마일까요?　　　　　　　　　원

2 계산기 앱을 이용해 내가 며칠을 살았는지 계산 후 적어보기

· 내가 태어난 날

· 오늘 날짜

· 내가 살아온 기간은 며칠일까요?　　　　　　　　　일

 TIP

[탐색 열기] 버튼을 클릭해 [날짜 계산]-[날짜 간 차이]를 이용하되, 계산된 결과에서 1일 더해야 합니다.

⬤ ×3 🔑 ×3

영상 캡처로
게임 화면 디자인하기!

컴튜토리얼 원하는 부분을 캡처하고 꾸며보기
인터넷던전 햄버거 재료로 빙고 게임 즐기기

QUEST

실습 및 완성파일 : [스테이지 15] 폴더

소스	고기	토마토
치즈	버섯	양파
오이	양상추	빵

선택갯수 : 1   다시하기   검증값 : 19

01 동영상 재생 후 캡처하기

1 [스테이지 15]-'햄버거만들기.mp4' 파일을 더블 클릭하여 실행합니다.

2 영상이 실행되면 빵이 확대되는 부분에서 ⏸을 클릭해 화면을 정지합니다.

3 이번에는 '캡처 도구' 앱을 찾아 클릭합니다.

4 캡처 모드를 ⟨ 자유형 ⟩으로 지정한 다음 ⌈ + 새 캡처 ⌉를 클릭합니다. 이어서, 빵을 드래그 해보세요.

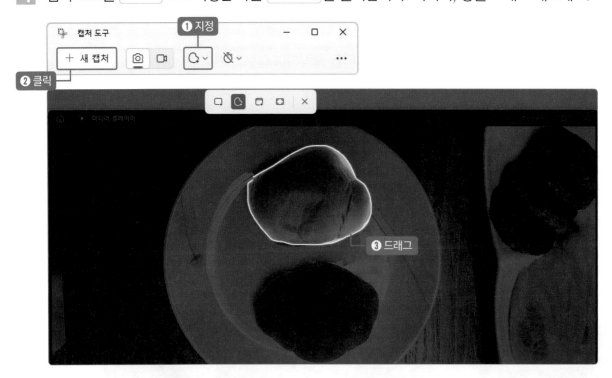

02 캡처된 이미지 꾸미기

컴 튜 토 리 얼

1 이번에는 캡처된 이미지를 편집해 보겠습니다.

2 볼펜의 '색'과 '크기'를 원하는 대로 지정해 줍니다.

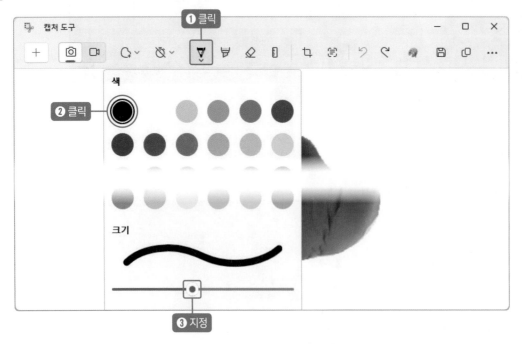

3 캡처된 빵 이미지 주변을 재미있게 꾸며본 다음 복사()합니다.

🧪 **TIP**

그림을 잘못 그렸을 때는 상단의 실행 취소와 다시 실행(🔄 🔄) 단추를 이용해 단계를 이동할 수 있습니다.

4 [스테이지 15]-'몬스터버거' PPT 파일을 열어 붙여넣기(Ctrl+V)합니다.

5 똑같은 방법으로 햄버거 재료에 필요한 그림을 캡처 후 편집하여 아래 그림과 같이 꾸며보세요.

🧪 **TIP**

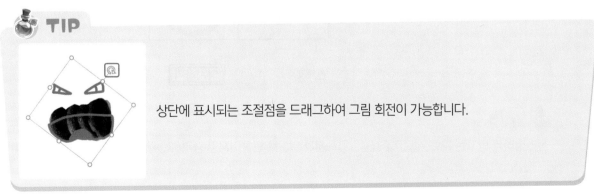

상단에 표시되는 조절점을 드래그하여 그림 회전이 가능합니다.

1 크롬 브라우저를 이용해 '빙고게임 중급' 웹사이트에 접속합니다.

2 아래와 똑같이 햄버거 재료들을 입력한 후 <시작>을 클릭합니다.

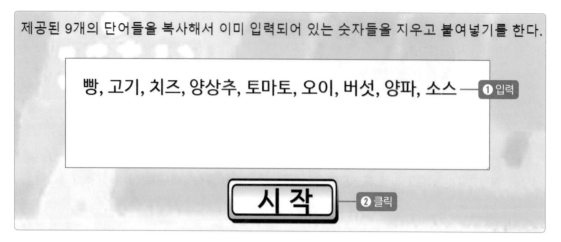

제공된 9개의 단어들을 복사해서 이미 입력되어 있는 숫자들을 지우고 붙여넣기를 한다.

빵, 고기, 치즈, 양상추, 토마토, 오이, 버섯, 양파, 소스 —❶입력

시 작 —❷클릭

 TIP

반드시 콤마(,)를 표시해 단어를 구분해 주세요. 입력된 단어들은 빙고 칸 무작위의 위치에 배치됩니다.

3 9개의 빙고 칸에 단어가 랜덤으로 배치된 것을 확인한 후 선생님이 불러주시는 재료를 선택하세요.

소 스	고 기	토마토
치 즈	버 섯	양 파
오 이	양상추	빵

선택갯수 : 1   다시하기   검증값 : 19

 TIP

몬스터버거 빙고는 가로/세로/대각선에 ○표시가 일렬로 만들어지면 승리하는 게임이에요.

1 [스테이지 15]-'모나리자.jpg' 그림을 열어 확대한 후 캡처 도구 앱으로 얼굴 캡처하기

2 볼펜과 형광펜 기능으로 꾸며보기

 TIP

Ctrl 을 누른 채 마우스 휠을 굴려 사진을 확대/축소할 수 있습니다.

01 컴퓨터의 기본 구성 장치의 이름을 적어보세요.

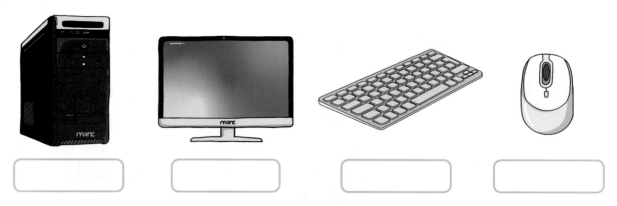

02 메모장에 다음과 같이 입력하기 위해 반드시 필요한 키를 모두 골라보세요.

○ 스페이스바 ○ + = ○ Enter ←

○ ↹ Tab ○ ! 1 ○ Alt

○ 한자 ○ 한/영 ○ Ctrl

○ ESC ○ ⇧ Shift ○ A □

03 바탕 화면과 관련된 내용으로 옳지 않은 내용은 무엇일까요?

① 바탕 화면의 배경 그림을 바꿀 수 있어요.

② 바탕 화면의 아이콘 위치는 변경이 어려워요.

③ 바탕 화면의 아이콘을 삭제하면 휴지통으로 이동해요.

④ 바탕 화면에서 보여지는 창은 다양한 크기와 위치에 배치할 수 있어요.

04 아래 단어들을 활용해 문장을 완성해 보세요.

폴더	소프트웨어	압축	운영체제

•   는 하드웨어처럼 직접 만질 수는 없지만 컴퓨터의 기능을 확장해 여러 가지 기능을 제공하는 역할을 해요.

•   을 하여 여러 개의 파일들을 하나로 묶으면 파일을 주고받기 편리해져요.

• 흩어져 있는 파일들을 한 곳에 보관할 때는   를 이용하면 좋아요.

• 컴퓨터 전용   로는, 마이크로소프트에서 개발한 윈도우가 가장 대표적이에요.

🔵 실습 및 완성파일 : [스테이지 16] 폴더 🔵

❶ '슈퍼히어로즈.jpg' 파일을 그림판 앱으로 열어 Ａ (텍스트) 도구를 이용해 제목을 입력

❷ □ (선택) 도구로 맨 오른쪽 캐릭터를 선택한 후 [삭제]한 후 🪣 (채우기) 도구로 흰색 채우기

❸ □ (선택) 도구로 맨 왼쪽 캐릭터를 선택한 후 [복사]한 후 [붙여넣기]

❹ 복사된 그림을 [대칭 이동]-[가로 대칭 이동]하여 오른쪽에 배치하기

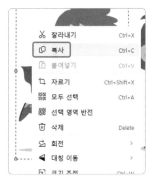

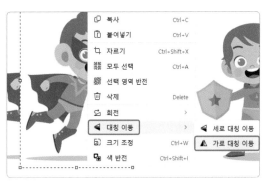

인터넷 모험 시작!

⊘ x3 🔑 x3

컴퓨토리얼 인터넷을 실행하여 구글 지도 살펴보기
인터넷던전 구글 이스터 에그 체험하기

QUEST

실습 및 완성파일 : [스테이지 17] 폴더

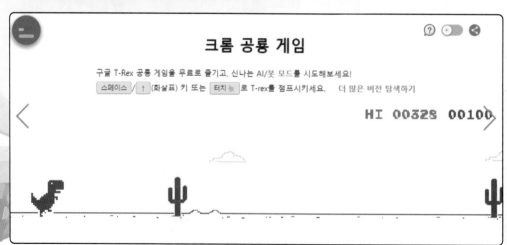

크롬 공룡 게임

구글 T-Rex 공룡 게임을 무료로 즐기고, 신나는 AI/봇 모드를 시도해보세요!

스페이스 / ↑ (화살표) 키 또는 터치 로 T-rex를 점프시키세요. 더 많은 버전 탐색하기

HI 00328 00100

01 인터넷에 대해 알아보기

• 인터넷이란?

인터넷이란 전 세계의 컴퓨터들이 연결되어 정보를 주고받을 수 있는 거대한 네트워크예요. 인터넷을 사용하면 다양한 정보를 얻을 수 있고, 사람들과 소통도 가능하지요.

• 인터넷 사용 전에는 이렇게 생활했어요!

원하는 정보를 얻기 위해서는 신문, 잡지, 책 등을 살펴보아야 했습니다.

주변 사람들과 편지를 하거나, 전화를 걸어 소식을 주고받았습니다.

필요한 음식이나 물건을 구매하기 위해서는 직접 상점에 방문해 물건을 구매했습니다.

인터넷이 발달된 지금은 '네이버, 유튜브'와 같은 서비스를 통해 필요한 정보를 쉽게 알아낼 수 있으며, 친구들과의 실시간 대화도 가능해요. 또한 상점에 직접 가지 않아도 인터넷 쇼핑을 통해 물건을 구매할 수도 있지요. 이처럼 인터넷은 우리 생활에 꼭 필요한 존재가 되었습니다.

❶ 나의 행동이 다른 사람에게 미칠 수 있는 영향에 대해 고민하며 책임감을 가져야 해요.

❷ 다른 사람의 의견을 존중하고, 타인의 개인 정보를 침해하지 않도록 주의해요.

❸ 인터넷 공간에서 다른 사람을 차별하거나, 누군가를 괴롭히지 않도록 해요.

❹ 허위 정보나 악성 댓글 등을 유포해 다른 사람에게 피해를 주지 않아요.

❺ 다른 사람의 동의 없이 개인 사진을 게시하거나, 전화번호, 주소 등을 공개하지 않아요.

인터넷을 이용할 때는 공감과 배려의 마음을 가지고 행동하면 인터넷을 보다 안전하고 건강하게 이용할 수 있습니다.

 02 크롬은 어떤 앱일까요?

· 인터넷을 통해 정보를 살펴보기 위해서는 웹 브라우저(Web Browser)라고 하는 앱이 필요해요.

· 웹 브라우저에는 크롬, 파이어폭스, 사파리 등 다양한 종류의 앱이 있어요.

· '크롬(Chrome)'은 아래와 같은 특장점을 가지고 있어 가장 많이 사용되는 브라우저로 자리를 잡았어요.

❶ 웹 페이지를 빠르게 불러올 수 있습니다.

❷ 단순하고 직관적인 화면 구성으로, 사용자에게 편리함을 줍니다.

❸ 최신 보안 기술을 사용해 사용자의 개인 정보를 보호합니다.

❹ 태블릿과 스마트폰에서도 사용할 수 있도록 최적화되어 있습니다.

03 크롬 앱을 이용해 구글 지도에 접속하기

1 크롬 앱을 실행한 후 '구글 지도'를 검색해 해당 웹사이트에 접속합니다.

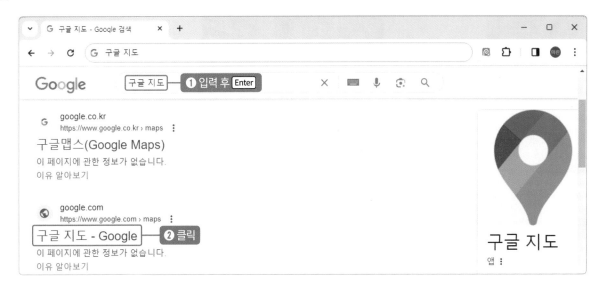

2 지도가 표시되면 '이탈리아'를 검색해 살펴본 후 👤 (스트리트 뷰 이미지 탐색)의 위치를 '로마' 쪽으로 이동시켜보세요.

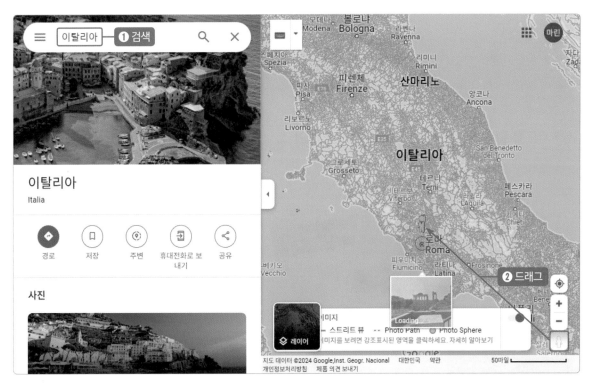

TIP

❶ 마우스 휠을 굴려서 지도를 확대 또는 축소할 수 있습니다.
❷ 지도를 드래그하여 위치를 조정할 수 있습니다.

3 키보드의 방향키(↑, ↓, ←, →)를 눌러 뷰를 감상해 보세요.

🧭 **TIP**

만약 방향키로 이동되지 않을 경우, 이전 페이지로 돌아가 주변의 다른 곳으로 맵 위치를 변경해 봅니다.

4 구글 지도를 활용하여 아래 명소를 방문해 보세요!

프랑스 에펠탑

인도 타지마할

그리스 산토리니

이집트 피라미드

크롬 앱의 화면 구성을 알아보아요!

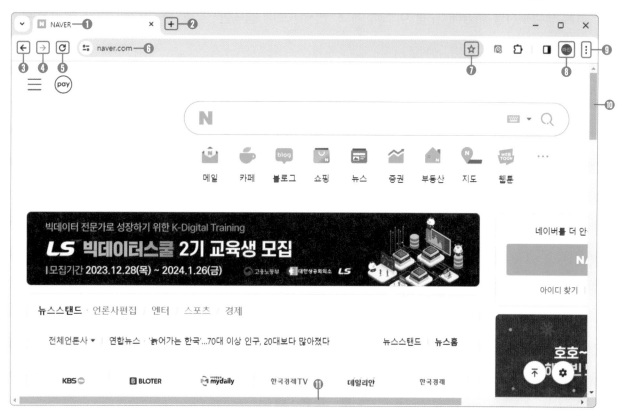

❶ **현재 탭** : 접속된 페이지의 제목이 표시돼요.

❷ **새 탭 추가** : 탭을 이용해 새로운 웹사이트 접속이 가능해요.

❸ **뒤로** : 이전 페이지로 돌아갈 수 있어요.

❹ **앞으로** : 다음 페이지로 이동할 수 있어요.

❺ **페이지 새로고침** : 현재 페이지를 최신 상태로 표시할 수 있어요.

❻ **주소 표시줄** : 현재 페이지의 주소를 나타내는 곳으로, 각각의 웹사이트는 고유한 주소를 가지고 있어요.

❼ **북마크(즐겨찾기)** : 사용자가 자주 방문하는 웹사이트는 북마크에 추가해 더 편리하게 이용이 가능해요.

❽ **사용자 계정** : 사용자의 정보를 확인 및 수정할 수 있어요.

❾ **맞춤설정 및 제어** : 웹사이트 방문 기록 등을 관리할 수 있어요.

❿ **세로 스크롤바** : 드래그하여 페이지의 위쪽/아래쪽으로 이동이 가능해요.

⓫ **가로 스크롤바** : 드래그하여 페이지의 왼쪽/오른쪽으로 이동이 가능해요.

 TIP

Ctrl을 누른 채 마우스 휠을 굴리면 표시된 페이지를 확대/축소 할 수 있어요.

01 구글 이스터 에그 모음 즐기기

1 크롬 브라우저를 이용해 '구글 이스터 에그' 웹사이트에 접속한 후 를 클릭해 '공룡 달리기'를 찾아보세요.

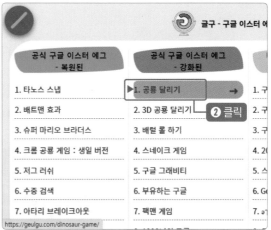

2 [Space Bar]를 눌러 게임 시작&점프를 할 수 있어요. 친구들과 점수를 공유하면서 즐겨보세요.

크롬 공룡 게임

구글 T-Rex 공룡 게임을 무료로 즐기고, 신나는 AI/봇 모드를 시도해보세요!
[스페이스] / [↑] (화살표) 키 또는 [터치 👆]로 T-rex를 점프시키세요.   더 많은 버전 탐색하기

HI 00328 00100

LEVEL UP 치트키 이스터 에그란 무엇일까요?

'Easter Egg(부활절 달걀)'에서 유래한 이스터 에그는 부활절에 토끼가 달걀을 숨기는 서양 풍습에서 시작된 것으로, '게임, 영화, 책, 웹사이트' 등 다양한 미디어 안에 숨겨진 메시지나 기능을 의미하지요. 제작자의 재치 있는 장난과 애정이 담긴 이스터 에그 기능은 재미를 더해주는 요소로 많은 사람들에게 즐거움을 줍니다. 지금부터는 다양한 구글 이스터 에그를 체험해 보세요!

스테이지 클리어

1 인터넷을 이용할 때 유의할 내용으로 알맞은 것을 찾아 ○ 표시하기

마음에 드는 사람이
생기면 내 이름과
전화번호를 알려줘요.

게임에서 졌을 때는
상대 팀에게 화풀이를
해도 괜찮아요!

우리반에서 가장
예쁜 친구의 사진을
SNS에 마구 올려요!

인터넷 안에서는
어떤 상황에서든 충분한
고민을 한 후 행동해요!

2 구글 지도를 이용하여 우리 동네 둘러보기

TIP

 아이콘을 파란 실선으로 표시되는 곳에 놓아야만 거리뷰가 활성화되어 지도 안에서 움직일 수 있어요!

×3 🔑 ×3

NPC 따라서 인터넷 설정 변경!

컴튜토리얼 웹사이트를 북마크에 추가하고 기록 삭제하기

인터넷던전 나와 닮은 캐릭터를 만들기

QUEST

실습 및 완성파일 : [스테이지 18] 폴더

〈어린이 정부포털〉에서 '명탐정솔로몬' 게임을 열어서
사건 현장의 범인을 찾아줘! 범인은 항상 가까운 곳에 있어..

미션수락

1 크롬 브라우저를 열어 '어린이 정부포털' 웹사이트에 접속합니다.

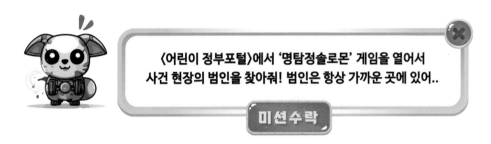

2 '명탐정솔로몬' 게임을 찾아 진행해 봅니다.

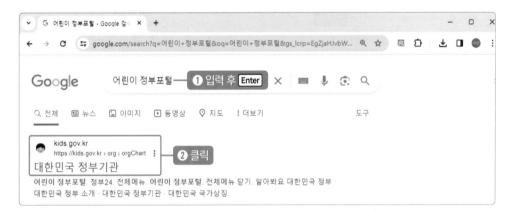

유익하고 재미있는 〈어린이 정부포털〉 웹사이트를
잊어버리지 않도록 북마크(즐겨찾기)에 추가해줄래?

미션수락

1 게임이 끝나면 해당 탭을 종료합니다.

2 '어린이 정부포털' 로고를 클릭해 메인 페이지가 표시되면 북마크에 추가합니다.

TIP

대체로 웹사이트 상단에 표시된 로고를 클릭하면 메인 페이지로 쉽게 돌아갈 수 있어요.

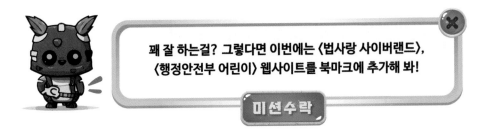

꽤 잘 하는걸? 그렇다면 이번에는 〈법사랑 사이버랜드〉,
〈행정안전부 어린이〉 웹사이트를 북마크에 추가해 봐!

미션수락

3 크롬 브라우저를 열어 각각의 웹사이트에 접속한 후 북마크에 추가합니다.

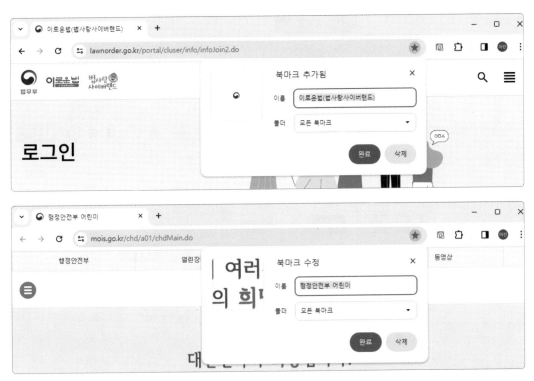

4 ⋮(맞춤설정 및 제어)에서 저장한 모든 북마크를 확인할 수 있습니다.

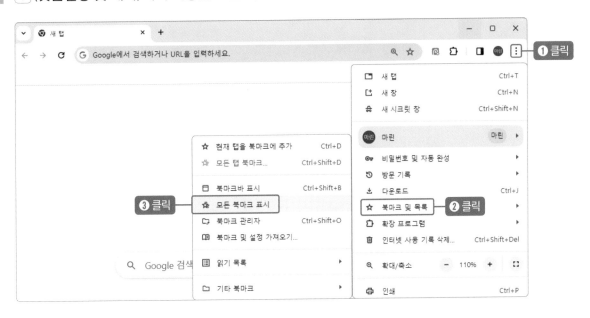

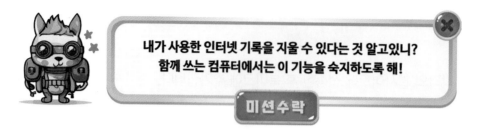

내가 사용한 인터넷 기록을 지울 수 있다는 것 알고있니?
함께 쓰는 컴퓨터에서는 이 기능을 숙지하도록 해!

미션수락

1 ⁝(맞춤설정 및 제어)에서 [방문 기록]을 클릭해 인터넷 사용 기록을 살펴볼까요?

2 이번에는 기록을 삭제하기 위해 ⁝(맞춤설정 및 제어)에서 [인터넷 사용 기록 삭제]를 클릭합니다.

3 원하는 기간을 선택한 다음 <인터넷 사용 기록 삭제>
를 클릭합니다.

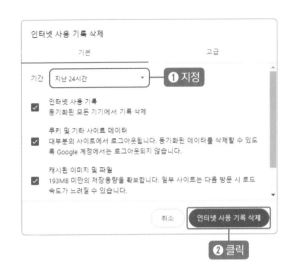

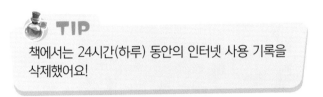

TIP

책에서는 24시간(하루) 동안의 인터넷 사용 기록을
삭제했어요!

4 선택한 기간만큼의 인터넷 사용 기록이 삭제된 것을 확인할 수 있어요.

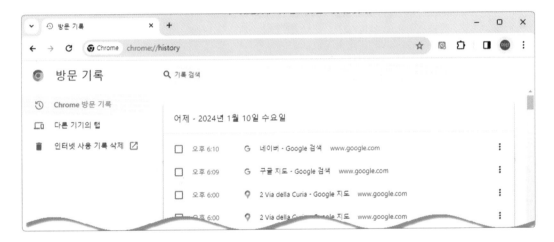

LEVEL UP 치트키
크롬 브라우저에는 시크릿 모드가 있어요!

시크릿 모드에서는 내가 사용한 인터넷 기록이 남지 않기 때문에 공용 컴퓨터에서는 시크릿 모드로 이용하는
것을 추천합니다. 시크릿 모드는 ⋮(맞춤설정 및 제어)에서 [새 시크릿 창]을 클릭하여 이용이 가능해요.

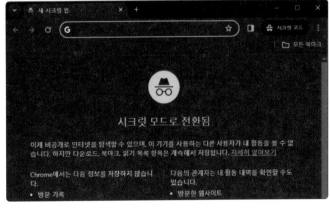

01 나와 닮은 캐릭터 만들기

1 크롬 브라우저를 이용해 '캐릭터 만들기' 웹사이트에 접속한 후 <시작하기>를 클릭해요.

2 아래 방법을 참고하여 캐릭터를 만들어 보세요.

❶ 캐릭터의 성별 선택하기

❷ 캐릭터의 이름 정하기

❸ 여러 가지 아이템을 이용해 캐릭터 꾸미기

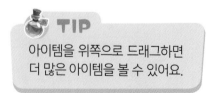

TIP

아이템을 위쪽으로 드래그하면
더 많은 아이템을 볼 수 있어요.

스테이지 클리어

1 크롬 브라우저로 '쥬니어 네이버' 웹사이트에 접속하여 '글자퀴즈' 콘텐츠 체험하기

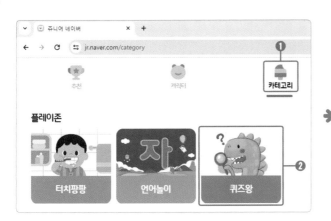 

2 '터치팡팡'에 들어가 해당 페이지 주소를 북마크에 추가하기

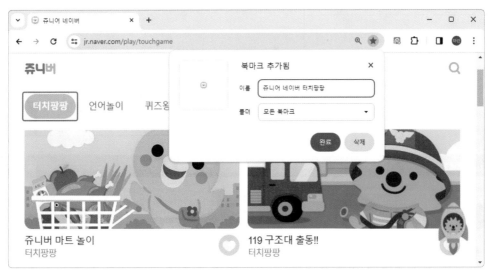

 TIP

표시된 페이지의 웹주소에 따라 연결되는 웹페이지가 달라집니다. 재미있는 콘텐츠를 북마크에 추가한 후 재미있게 즐겨보세요!

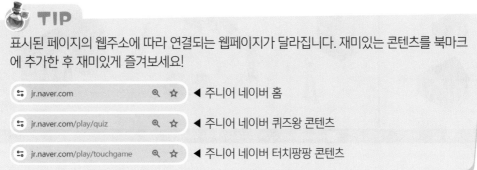

jr.naver.com ◀ 주니어 네이버 홈

jr.naver.com/play/quiz ◀ 주니어 네이버 퀴즈왕 콘텐츠

jr.naver.com/play/touchgame ◀ 주니어 네이버 터치팡팡 콘텐츠

STAGE 19

인터넷 검색으로 즐기는 초성 퀴즈!

컴퓨토리얼 인터넷 검색 엔진을 활용해 퀴즈 풀기
인터넷던전 2.5D 형태의 맵 만들기

QUEST

실습 및 완성파일 : [스테이지 19] 폴더

통화량의 증가로 화폐가치가 하락하여
물가가 꾸준히 상승하는 경제현상을
뜻하는 용어는 무엇일까요?

ㅇ ㅍ ㄹ ㅇ ㅅ

01 인터넷 검색 파헤치기

- 인터넷 검색 엔진이란 무엇일까요?

  인터넷 검색 엔진은 인터넷상에서 존재하는 방대한 양의 정보 중, 사용자가 원하는 내용을 빠르고 정확하게 제공하는 시스템입니다.

- 대표적인 인터넷 검색 엔진에는 이런 것들이 있어요!

  ❶ **NAVER**

  한국에서 주로 사용되는 검색 엔진으로 실생활과 관련된 다양한 정보와 서비스를 제공합니다.

  ❷ **Google**

  세계에서 가장 많이 사용되는 검색 엔진입니다. 검색 결과의 정확성이 높고, 다양한 기능들이 있지요.

  ❸ **Bing**

  마이크로소프트에서 제공하는 검색 엔진입니다.

 검색 잘하는 TIP!

검색어는 보다 구체적으로 적어야 원하는 답을 얻을 수 있어요. 아래와 같은 상황에서는 어떤 키워드로 검색을 하면 좋을지 골라 보세요.

> 나는 초등학생이에요. 곧 다가올 어버이날에 부모님께 선물을 사드리고 싶은데, 모아 놓은 돈이 만원 조금 넘게 있어요. 어떤 선물을 하면 부모님이 기뻐하실지 추천을 받고 싶어요.

❶ 어버이날 선물　　　　　❷ 부모님이 좋아하는 선물　　　　　❸ 어버이날인데 만 원 밖에 없어요
❹ 초등학생인데 어버이날에 어떤 것을 선물할까요?　　　❺ 어버이날 만 원대 선물 추천

가장 적합한 검색어는 ❺입니다. 현재 상황이 잘 드러나는 '단어(키워드)' 중심으로 나열하여 검색한다면 원하는 정보를 더 쉽고 빠르게 찾아낼 수 있겠죠?

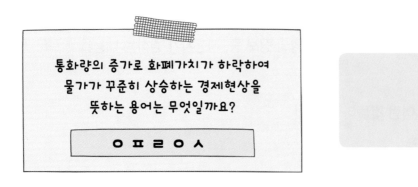

통화량의 증가로 화폐가치가 하락하여 물가가 꾸준히 상승하는 경제현상을 뜻하는 용어는 무엇일까요?

ㅇㅍㄹㅇㅅ

1 퀴즈의 정답을 찾기 위해 크롬 브라우저를 이용해 '네이버'에 접속하여 다음과 같이 검색해 봅니다.

2 표시된 다양한 정보 중에서 초성(ㅇㅍㄹㅇㅅ)에 적합한 단어를 찾았다면 해당 단어를 다시 검색하여 정확한 뜻을 살펴봅니다.

 TIP

용어 등을 검색할 때는 '지식백과' 또는 '어학사전' 등에서 확인하는 가장 정확답니다!

3 아래 문제를 읽고, 검색 엔진을 이용해 퀴즈의 정답을 찾아봅니다.

나무 그루터기에서 토끼를 기다린다는
뜻으로, 융통성이 없이 행운만 바라는
사람을 비유하는 사자성어는 무엇일까요?

ㅅ ㅈ ㄷ ㅌ

20여 명의 선수가 긴 배를 타고 북소리에
맞추어 노를 저으면서 물 위를 빠르게 질주하는
수상 스포츠의 이름은 무엇일까요?

ㄷ ㄹ ㄱ ㅂ ㅌ

서로 사이가 좋지 않으며,
만나도 모른 체하고 냉정한 상황을
표현하는 순우리말 단어는 무엇일까요?

ㄴ ㄱ ㅆ ㄱ

물리학자이자 화학자인 이 여성은 방사능
연구의 선구자로 노벨상을 받은 최초의
여성입니다. 이 위인의 이름은 무엇일까요?

ㅁ ㄹ ㅋ ㄹ

1 크롬 브라우저를 이용해 '아이코그램' 웹사이트에 접속한 후 원하는 건물을 드래그하여 배치해봅니다.

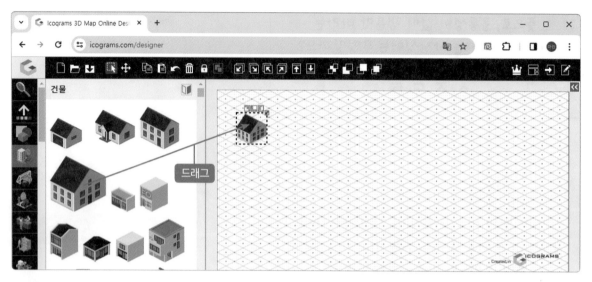

TIP

아이코그램은 2.5D 맵을 제작할 수 있는 도구예요.
배치된 그림의 주변 아이콘을 이용하여 크기 조절, 복사, 대칭 등의 기능을 수행할 수 있습니다.

2 여러 가지 그림을 활용해 우리 동네 모습을 꾸며 보세요. 검색어를 입력해 원하는 아이템을 찾을 수도 있답니다.

스테이지 클리어

1 [스테이지 19]-'우리말퀴즈.hwp'를 열어 낱말 퍼즐 완성하기

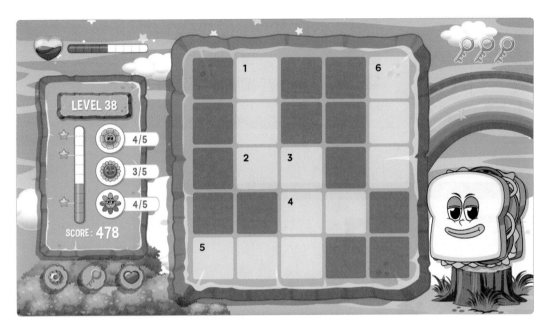

세로풀이 ▶ ❶ 굳세고 꿋꿋하다는 뜻의 순우리말

❸ 가르거나, 쪼개지 않고 생긴 그대로 변함없다는 뜻의 순우리말

❻ 남이 놀고 있는 판에 거저 끼어드는 일을 뜻하는 순우리말(ㄲㅅㄹ)

가로풀이 ▶ ❷ 즐거운이라는 뜻의 순우리말

❹ 언제나 늘 새롭게 라는 뜻의 순우리말

❺ 알고도 모르는 체하는 태도를 뜻하는 순우리말

 TIP

해당 퀴즈는 모두 순우리말 단어를 이용해 만들었어요. 다양한 검색 엔진을 잘 활용하여 퀴즈의 정답을 맞혀보세요.

정보를 가공해 몬스터 도감 완성하기!

컴퓨토리얼 필요한 정보를 찾아 글자와 그림 가공하기
인터넷던전 다양한 스타일의 이미지로 편집하기

QUEST

실습 및 완성파일 : [스테이지 20] 폴더

잠만보

먹고 자는 걸 반복하는 것이 일상생활이다.
커다란 배 위를 놀이터로 삼는 어린아이들도 있을 만큼 얌전한 포켓몬이다.

·마린몬스터도감·

01 원하는 정보를 찾아 가공하기

1 크롬 브라우저를 이용해 '나무위키'에 접속하여 좋아하는 몬스터의 이름을 검색해 봅니다.

2 몬스터 특징이 잘 나타나는 내용을 찾아 드래그한 후 [복사]합니다.

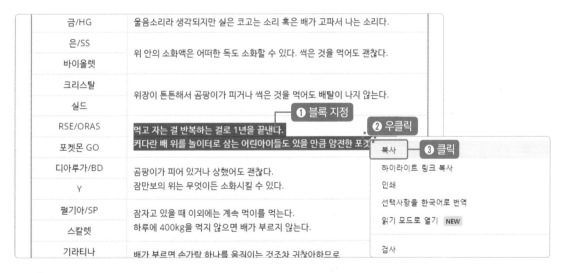

나무위키는 누구나 자유롭게 글을 쓸 수 있는 인터넷 백과사전이에요. 나무위키 웹서비스를 잘 활용하면 과제 수행하거나, 문화와 지식을 이해하는 데 도움이 될 수 있습니다.

3 [스테이지 20]–'몬스터도감.hwp'을 열어 복사된 내용을 첫 페이지 도감에 붙여넣어줍니다.

4 캐릭터의 정보가 표시되면 추가 또는 수정할 내용을 입력해 봅니다.

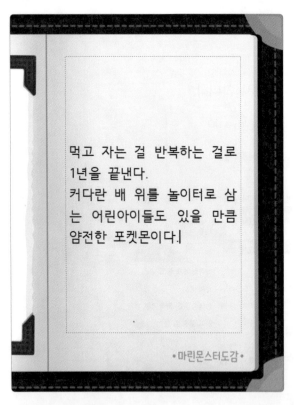

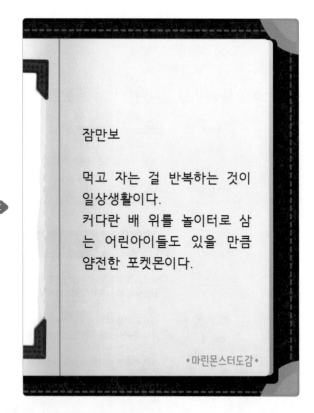

 TIP

나무위키의 내용 중 오탈자가 있거나 정보가 다르게 표시될 수 있기 때문에, 내용을 잘 검토한 후 부족한 내용을 추가하거나 수정하는 것도 중요합니다.

02 그림을 찾아 몬스터 도감 완성하기

1 이번에는 '네이버' 접속하여 '잠만보 png'를 검색한 후 [이미지] 탭을 클릭합니다.

2 원하는 그림 위에서 마우스 오른쪽 버튼을 눌러 [이미지를 다른 이름으로 저장]합니다. 저장 경로는 [바탕 화면]으로 지정해 주세요!

TIP

책에서는 만화 캐릭터 이미지를 똑같이 사용할 수 없기 때문에 다른 그림으로 대체했답니다.

3 몬스터도감.hwp'에서 그림 넣기 기능을 이용해 바탕 화면에 저장했던 몬스터 이미지를 불러옵니다.

4 잠만보 이미지가 열리면 크기와 위치를 적당하게 조절해줍니다.

5 동일한 방법으로 나무위키를 활용해 몬스터 도감을 자유롭게 완성해 보세요.

01 일러스트 스타일의 이미지로 편집하기

1 크롬 브라우저를 이용해 '일러스트화' 웹사이트에 접속하여 사진을 업로드합니다.

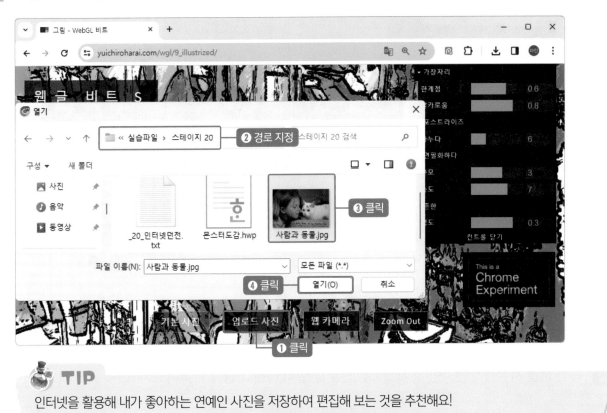

TIP

인터넷을 활용해 내가 좋아하는 연예인 사진을 저장하여 편집해 보는 것을 추천해요!

2 우측의 옵션 창에서 값을 변경하여 원하는 이미지가 완성되면 저장해봅니다.

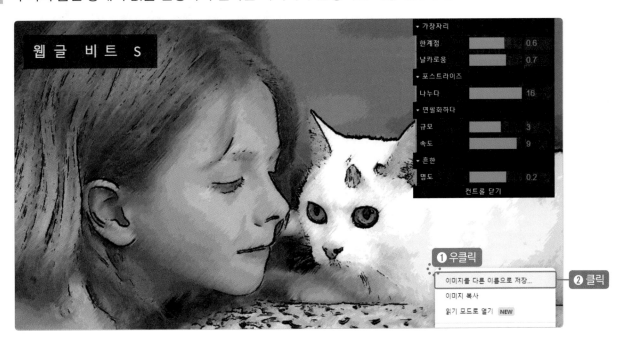

1️⃣ 크롬 브라우저를 이용해 '네온사인화' 웹사이트에 접속하여 사진을 업로드합니다.

2️⃣ 옵션 값을 자유롭게 변경한 후 새로고침 단추를 눌러 멋진 그림을 만들어 보세요.

🧪 **TIP**

인터넷을 활용해 내가 좋아하는 캐릭터 사진을 저장하여 편집해 보는 것을 추천해요!

스테이지 클리어

1 인터넷에서 내가 좋아하는 TV 프로그램의 정보를 찾아보기

2 [스테이지 20]-'원고지.hwp'를 열어 프로그램의 내용을 편집해보기

	S	B	S		동	물	농	장											
	"	어	서		오	세	요	~		일	요	일		아	침	의		가	장
확	실	한		선	택	,		<	동	물	농	장	>	에		오	신		것
을		환	영	합	니	다	!	"											
	매	주		일	요	일	에		방	영		중	인		동	물	농	장	은
인	간	과		동	물	의		소	통	을		추	구	하	는		<	동	물
전	문		프	로	그	램	>	이	다	.									
	다	양	한		동	물	들	과		사	람	의		순	수	한		사	랑
과		감	동	의		스	토	리	를		시	청	자	들	에	게		전	달
해	주	는		예	능	이	다	.											

 TIP

찾은 정보를 복사한 후 붙여넣기하면 작업시간을 단축시킬 수 있습니다. 단, 원고지가 1장이 넘어가지 않도록 내용을 잘 편집해 보세요.

STAGE
21

코딩과 게임메이커!

실습 및 완성파일 : [스테이지 21] 폴더

컴튜토리얼 코딩에 대해 알아보기

인터넷던전 게임메이커를 통해 게임 제작하기

QUEST

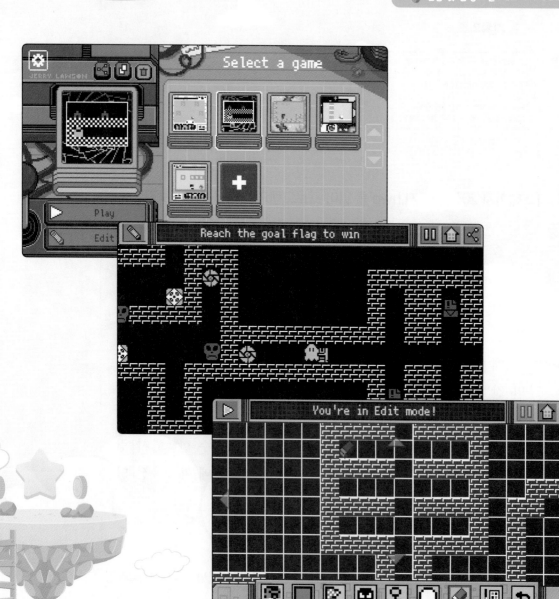

1 코딩이란 무엇일까요?

· 컴퓨터가 이해할 수 있는 언어인 '코드'를 입력하여 컴퓨터가 작동할 수 있도록 프로그램을 만드는 것을 코딩이라고 해요.

· 코딩을 이용하면 재미있는 게임을 만들 수도 있답니다.

▲ 컴퓨터는 사람의 말을 이해할 수 없어요.

▲ 컴퓨터가 이해할 수 있는 언어로 코딩해요.

2 우리 주변에도 코딩이 된 기계나 전자 제품이 많이 있어요.

센서를 통해
교통 상황을
감지하여 신호등을
제어하도록
코딩되어 있어요.

물 추가, 세탁,
헹굼, 탈수 등
세탁 프로그램의
각 단계에 따라
적절한 동작을
진행하도록 코딩
되어 있어요.

사용자가 선택한
제품의 위치, 가격
을 감지한 후 해당
제품을 아래로
떨어뜨리도록 코딩
되어 있어요.

1 크롬 브라우저를 이용해 '게임메이커' 웹사이트에 접속하여 배너를 클릭합니다.

2 🏠 단추를 눌러 게임메이커를 실행해보세요.

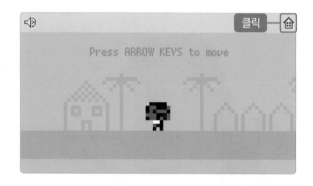

3 두 번째 콘텐츠를 선택 후 <Play> 단추를 클릭합니다.

4 키보드 방향키로 게임을 진행해 봅니다.

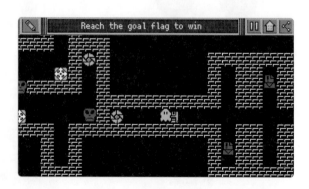

해당 게임은 붉은 색 장애물을 지나 이동하는 방식으로 진행됩니다.

02 게임 맵을 편집하기

1 게임 진행이 어려운 부분에서 를 눌러 맵을 편집해 보겠습니다.

2 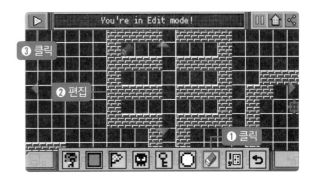 도구를 이용해 장애물을 선택하여 지운 후 ▷을 클릭합니다.

3 게임을 다시 실행하여 편집된 맵이 제대로 적용되었는지 확인합니다.

4 계속해서 게임을 진행해 보세요.

 게임 산업에 큰 영향을 준 제리로슨

제리로슨은 최초로 게임을 만든 사람입니다. 사람들이 집에서 게임을 즐길 수 있도록 비디오 게임 시스템을 개발하고, 대중화하는데 큰 도움이 되었죠. 적당한 게임은 우리에게 즐거움뿐만 아니라 창의력과 상상력을 키워주기도 한답니다!

03 나만의 게임 만들기

1 이번에는 새로운 게임을 추가해봅니다.

2 아래 기능을 참고하여 나만의 멋진 게임을 만들어 보세요.

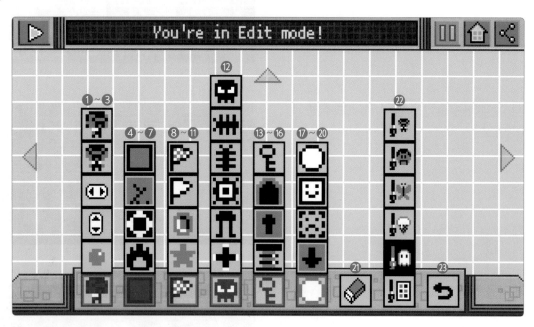

❶ 게임 플레이어   ❷ 이동 막대   ❸ 팅기는 공   ❹ 고정 블록
❺ 깨지는 블록   ❻ 이동 블록   ❼ 불   ❽ 골인 지점
❾ 위치 저장소   ❿ 동전   ⓫ 무적상태   ⓬ 장애물
⓭ 열쇠   ⓮ 열린 문   ⓯ 잠긴 문   ⓰ 점프 스프링
⓱ 스위치   ⓲ 블록 활성화   ⓳ 블록 비활성화   ⓴ 떨어지는 블록
㉑ 삭제   ㉒ 게임 컨셉(테마)   ㉓ 상태 되돌리기

TIP

- 마우스 휠을 굴려서 맵을 확대 또는 축소할 수 있습니다.
- 마우스 오른쪽 버튼을 누르면 맵에 놓인 아이템이 삭제됩니다.
- 사방에 표시된 화살표를 눌러 맵이 표시되는 위치를 이동할 수 있습니다.

스테이지 클리어

1 엔트리에 접속해 [공유하기]-[작품 공유하기]에서 다양한 코딩 작품 살펴보기

2 작품을 실행해본 후 <리메이크하기>를 눌러 코드를 자유롭게 고쳐보기

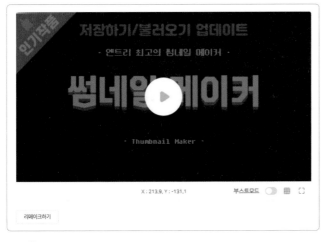

TIP

엔트리는 블록코딩을 사용하여 코딩에 대한 기초 지식이 없는 초보자도 쉽게 코딩을 배울 수 있도록 도와주는 교육 서비스예요.

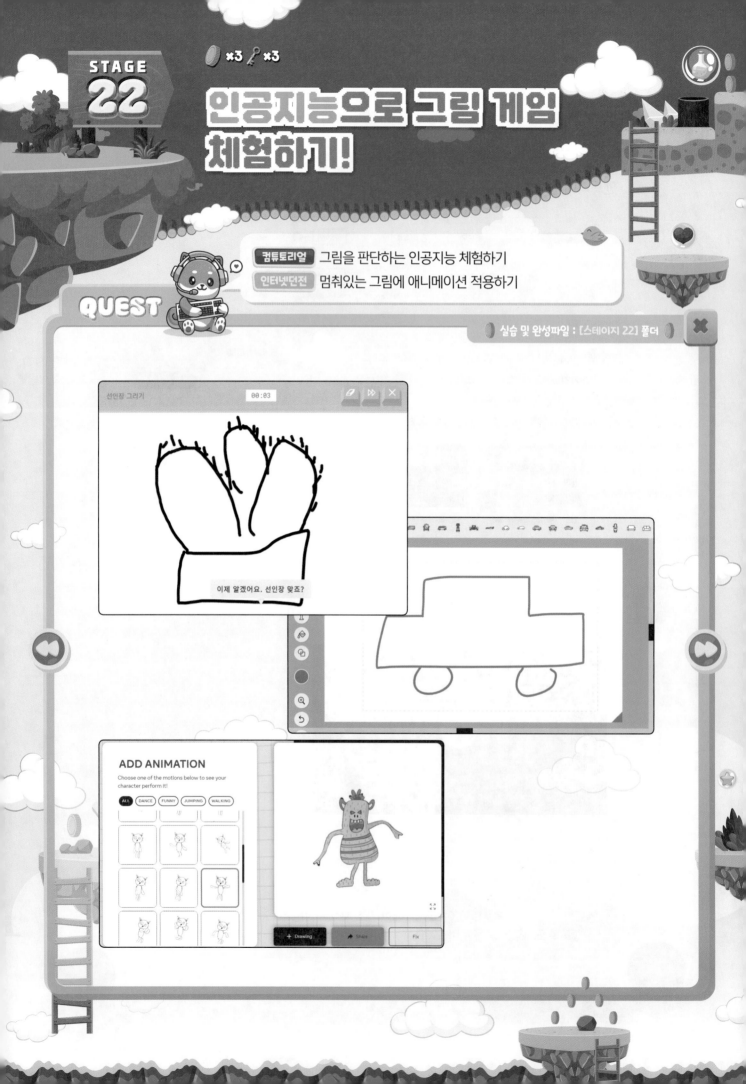

○ x3 🔑 x3

인공지능으로 그림 게임 체험하기!

컴튜토리얼 그림을 판단하는 인공지능 체험하기
인터넷던전 멈춰있는 그림에 애니메이션 적용하기

QUEST

실습 및 완성파일 : [스테이지 22] 폴더

선인장 그리기   00:03

이제 알겠어요. 선인장 맞죠?

ADD ANIMATION
Choose one of the motions below to see your character perform it!

ALL DANCE FUNNY JUMPING WALKING

+ Drawing   ↑ Share   Fix

01 인공지능 알아보기

1 인공지능을 있는 그대로 해석하면 아래와 같아요.

人 工 知 能

사람 인   **장인** 공   **알** 지   **능할** 능

· 인공지능이라는 단어를 한자로 풀이하면, '사람이 인위적으로 만든 지능'이라는 뜻을 가지고 있어요.

2 인공지능의 뜻, 이렇게 정의하면 좋아요!

· 인공지능은 사람처럼 생각하고 결정을 내릴 수 있는 컴퓨터 시스템을 말해요.

· 아직 초기 단계인 인공지능은 빠르게 발전하고 있으며, 우리의 삶을 더욱 편리하고 안전하게 만들어 줄 것으로 기대할 수 있답니다.

3 우리 생활 속 다양한 형태의 인공지능을 살펴봅니다.

인공지능 자율 주행 자동차는 현재 주변 환경 정보를 실시간 분석하여 차량을 움직이거나 멈출 수 있습니다.

인공지능 기술이 포함된 로봇 청소기는 스스로 지도를 그리면서 집 안의 구조를 학습한 후 장애물을 감지하여 깨끗하게 청소를 합니다.

인공지능으로 사용자의 음성을 인식하여 음악, 동영상 등을 재생할 수 있는 음성 인식 기술입니다.

1 크롬 브라우저를 이용해 '퀵드로우'에 접속하여 <시작하기>를 클릭합니다.

2 제시어가 표시되면 <알겠어요!>를 클릭해 게임을 시작합니다.

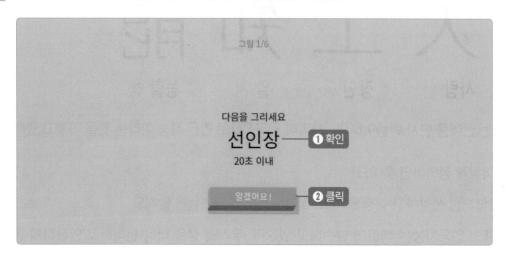

3 제시된 단어를 빠르게 그려보세요. 퀵드로우 인공지능은 나의 그림을 얼마나 많이 맞힐 수 있을까요?

4 결과를 클릭하면, 다른 사람의 그림도 확인할 수 있습니다.

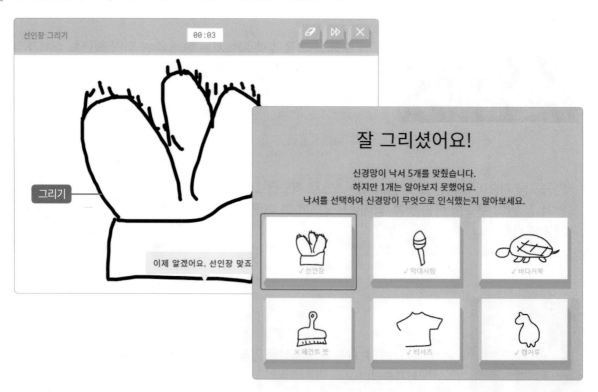

 TIP

퀵드로우는 제시어에 맞추어 비슷한 그림을 그리면 인공지능 기술을 통해 어떤 그림인지 분석하고 판단하는 게임이에요. 결과 그림을 선택하면 다른 사람이 그린 그림도 확인할 수 있습니다.

03 인공지능으로 멋진 아이콘 그려보기

1 크롬 브라우저를 이용해 '오토드로우'에 접속하여 <그리기 시작>을 클릭합니다.

2 빈 화면이 나오면 아래와 같이 자동차를 그려봅니다.

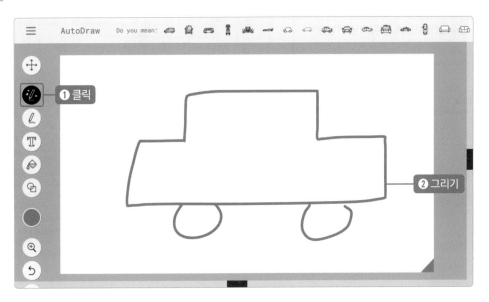

TIP

Ctrl + Z 를 누르면 그리기 전 단계로 돌아갈 수 있습니다.

3 위쪽에서 원하는 아이콘을 선택한 후 예쁘게 꾸며보세요.

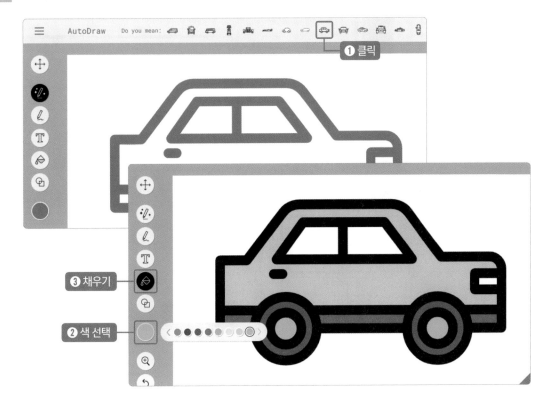

1 크롬 브라우저를 이용해 '애니메이드 드로잉' 웹사이트에 접속하여 <시작>을 클릭합니다.

2 애니메이션을 적용할 캐릭터 그림을 불러옵니다.

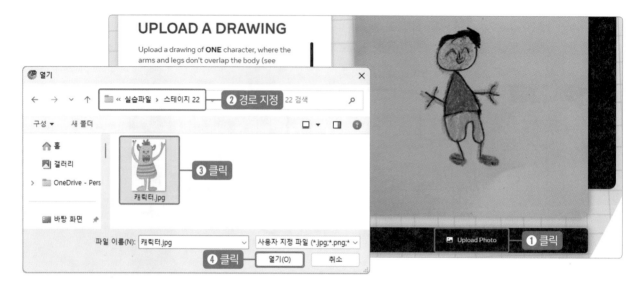

3 <Next>를 클릭하면서 다음 과정으로 이동한 후 애니메이션을 적용해 봅니다.

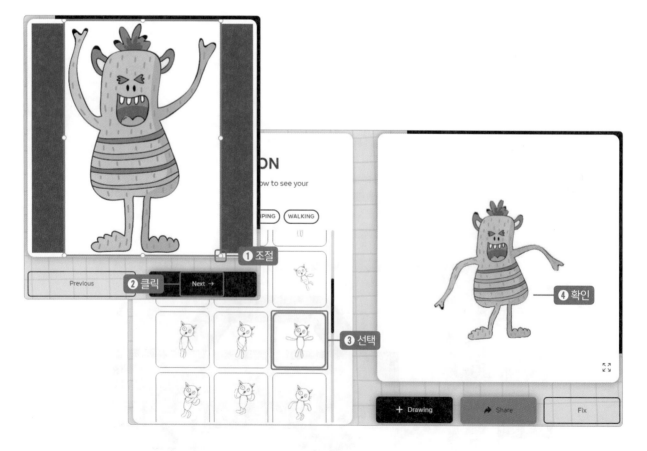

스테이지 클리어

1 인공지능과 관련된 문제를 읽고 O X 퀴즈를 풀어보기

❶ 인공지능은 다양한 학습을 통해 사람처럼 생각할 수 있어요.

❷ 안경을 쓰면 글자가 잘 보이는 것도 인공지능과 똑같은 원리예요.

❸ 인공지능은 사람의 감정을 누구보다 잘 이해할 수 있어요.

❹ 로봇 청소기가 청소할 구역을 찾아다니는 것은 인공지능 기술이에요.

❺ 인공지능은 모든 사람의 일자리를 대체할 수 있어요.

2 오토드로우를 이용하여 자유롭게 그림 그려보기

×3 ×3

게임으로 알아보는 디지털 윤리!

QUEST

실습 및 완성파일 : [스테이지 23] 폴더

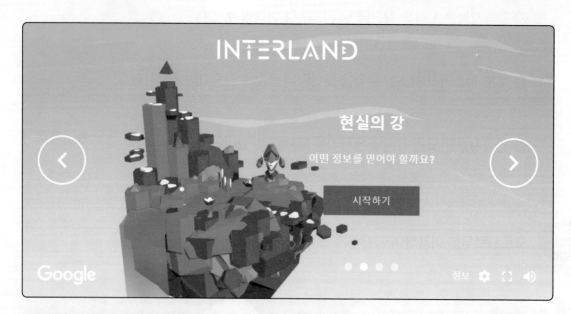

INTERLAND

현실의 강

어떤 정보를 믿어야 할까요?

시작하기

• • • •

Google   정보 ⚙ ⛶ 🔊

REALITY RIVER

문제 1/10

내 점수
000

제목이 웃긴 이메일을 받았는데 사기인 것이 분명합니다.

푸하하. 친구도 웃으라고 이메일을 전달하되 아무것도 클릭하지 말라고 알려 줍니다.

스페이스바

Google

답변 선택   정보 ⚙ ⛶ 🔊

01 나의 디지털 윤리 점수는?

1 디지털 윤리와 관련된 OX 퀴즈를 풀어보면서 나의 윤리 점수를 체크해봅니다.

	문제	O	X
1	나의 이름, 주소, 전화번호를 모르는 사람에게 알려줘요.		
2	친구가 그린 그림을 조금 변형해 SNS에 올려요.		
3	싫어하는 유튜브에게 가끔씩 악플을 달아요.		
4	보이지 않는 공간에서도 다른 친구를 험담하지 않아요.		
5	좋아하는 연예인 사진으로 스티커를 만들어 판매해요.		
6	인터넷 뉴스에서 본 기사는 무조건 정확해요.		
7	게임으로 만난 사람과 이름, 연락처를 주고받아요.		
8	사이버폭력을 당했을 때는 어른에게 도움을 요청해요.		
9	예쁜 그림을 나의 SNS에 올릴 때는 출처를 밝혀요.		
10	공용 컴퓨터에는 내 정보가 남지 않도록 주의해요.		
11	컴퓨터를 잘 사용할 줄 모르는 친구가 있다면 도와줘요.		
12	게임은 정해놓은 시간과 규칙에 맞추어 이용해요.		
13	모르는 사람이 올려놓은 파일도 안심하고 다운받아요.		
14	멋진 발표 자료 제작을 위해 유료 글꼴을 몰래 사용해요.		
15	게임에서 졌을 때 상대 팀에게 화풀이를 해요.		
	나의 디지털 윤리 점수는?		**점**

 TIP

정답을 확인한 후 15문제 중 맞힌 개수를 점수 입력칸에 적어봅니다. 한 문제에 1점씩 계산해 보세요.

1 디지털 윤리

디지털 윤리는 디지털 기술을 사용할 때 지켜야 할 윤리적 원칙과 가치를 말합니다. 디지털 윤리는 사이버 공간에서 일어나는 다양한 문제를 해결하고, 디지털 기술을 보다 책임감 있게 사용하기 위해 꼭 필요한 덕목이에요.

LEVEL UP 치트키 아날로그와 디지털에 대해 알고 있나요?

아날로그 시계 또는 저울을 볼 때 우리는 눈에 보이는 값을 '예측'하게 됩니다. 하지만 이 방법은 디지털 형태보다 정확하다고 판단할 수는 없겠죠!

▲ 아날로그 시계&저울

▲ 디지털 시계&저울

디지털이란, 연속된 값이 아닌 끊어지는 숫자 형태로 표시되는 방식을 말해요. 컴퓨터의 등장과 함께 모든 지식과 자료들은 '정보'를 기반으로 움직이고 있으며, 우리는 이러한 디지털 시대에 살고 있지요.

2 개인정보 보호

개인의 신상, 연락처, 사진, 동영상 등과 같은 개인정보를 보호하는 것을 말합니다.
원하지 않는 상황에서 개인정보가 유출되었을 때는 주변의 어른(부모님, 선생님)에게 도움을 받아야 합니다.

3   저작권 보호

타인의 저작물을 허락 없이 무단으로 사용하는 것을 금지하는 것을 말합니다.
저작물이란 어떤 아이디어를 표현한 창작물로 글, 음악, 그림 등 다양한 형태로 존재합니다.

4   사이버 폭력 예방

사이버 폭력이란 현실이 아닌 사이버 공간에서 이루어지는 언어적, 신체적, 심리적 폭력을 말합니다. 사이버 폭력은 피해자에게 우울, 불안, 공포 등의 정신적 피해를 줄 수 있으니 유의하도록 합니다.

5   디지털 중독

게임, 유튜브, SNS 등 디지털 매체에 지나치게 몰두하여 일상생활에 지장을 주는 것을 말합니다.

6   정보의 공정성

모든 사람이 정확하고 공정한 정보를 접할 수 있는 권리를 보장해야 합니다. 정보의 공정성을 위해서는 '비판적 사고력'을 길러 정보의 내용을 객관적으로 판단할 줄 알아야 합니다.

1 크롬 브라우저를 이용해 '인터랜드' 웹사이트에 접속하여 <시작하기>를 클릭합니다.

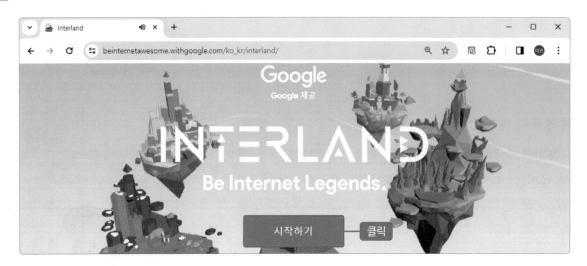

2 아래와 같은 화면이 표시되면 원하는 맵을 선택한 후 지문에 따라 게임을 진행합니다.

스테이지 클리어

1 가장 안전한 비밀번호를 찾아 ○ 표시하기

marine90
1004

marine90
apple1004

marine90
appLE1004

marine90
appLE1004^^

 TIP

안전한 비밀번호를 만들기 위해서는 아래 방법을 참고해 보세요!

❶ 12자 이상의 긴 암호를 사용하는 것이 좋습니다.
❷ 숫자, 문자, 특수문자를 혼합해 만듭니다.
❸ 이름, 생일, 전화번호 등 개인 정보는 넣지 않도록 합니다.
❹ 영문 입력 시 대/소문자가 함께 사용되면 더욱 안전합니다.

2 우리가 지켜야할 디지털 윤리와 거리가 먼 내용을 찾아 ○ 표시하기(정답 2개)

사이버폭력이
의심되는 상황이라면
주변 어른에게 알려요

많은 시간을 게임 생각에
몰두하는 것은 게임 중독
상태일 수도 있어요

내 정보를 입력해
최대한 많은 경품
이벤트에 참여해요

컴퓨터 사용시간은
가족과 상의하여
결정하는 것이 좋아요

컴퓨터는 언제든지
사용할 수 있도록
켜놓아야 편리해요

불확실한 프로그램을
업로드하거나
다운로드 받지 않아요

01 아래 단어들을 활용해 문장을 완성해 보세요.

코딩	검색 엔진	인공지능	인터넷

- [　　　　　]은 인터넷상에서 존재하는 다양한 정보를 모아 편리한 서비스를 제공하는 곳으로 '네이버'나 '구글'이 대표적이에요.

- 컴퓨터가 이해할 수 있는 언어로 프로그램을 만드는 것을 [　　　　　]이라고 해요.

- [　　　　　]은 전 세계의 컴퓨터들이 서로 연결되어 정보를 주고받을 수 있는 거대한 네트워크예요.

- 사람이 인위적으로 만든 지능이라는 뜻의 [　　　　　]은 스스로 생각하고 결정하여 움직이는 컴퓨터 시스템을 말합니다.

02 인터넷과 관련된 내용으로 옳지 않은 내용은 무엇일까요?

① 북마크(즐겨찾기)에 웹사이트를 추가하면 쉽고 빠르게 접속이 가능해요.

② 공용으로 사용하는 컴퓨터에서는 인터넷 사용 기록을 지우는 것이 좋아요.

③ 일주일이 지난 인터넷 사용 기록은 삭제할 수 없어요.

④ 크롬 브라우저에 있는 시크릿 모드를 이용하면 인터넷 사용 기록이 남지 않아요.

03 다음 설명을 읽고 해당하는 웹브라우저의 이름을 적어보세요.

- 세계에서 가장 많이 사용되고 있는 웹 브라우저예요.

- 태블릿, 스마트폰에서도 사용이 최적화 되어 있어요.

- 최신 보안 기술로, 사용자의 개인 정보를 보호해줘요.

04 디지털 윤리와 관련된 용어를 알맞은 곳에 적어보세요.

저작권	디지털 중독	사이버 폭력	개인정보

- 이름, 연락처, 사진과 같은 정보를 [　　　　　]라고 하며, 유출되지 않도록 항상 유의해요.

- [　　　　　]은 게임, 유튜브, SNS 등 디지털 매체에 지나치게 의존하는 현상을 말해요.

- 인터넷에서 행해지는 [　　　　　]은 피해자에게 우울, 불안, 공포와 같은 정신적 피해를 줄 수 있으니 조심해야 해요.

- 아이디어를 표현한 글, 음악, 그림 등과 같은 새로운 창작물에 대한 권리를 [　　　　　]이라고 해요.

구글 지뢰찾기를 플레이 해요!

실습 및 완성파일 : 없음

① '지뢰찾기'는 무작위 칸에 깔려있는 지뢰를 제외하고, 나머지 칸을 모두 열어야 하는 퍼즐 게임이에요.

② 게임을 시작하기 위해 먼저 '구글'에서 '지뢰찾기'를 검색한 후 <플레이>합니다.

③ 아래 방법을 참고하여 지뢰찾기를 퍼즐 게임을 진행해 보세요.

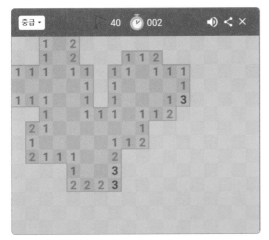

▲ 화면에서 빈 곳을 클릭

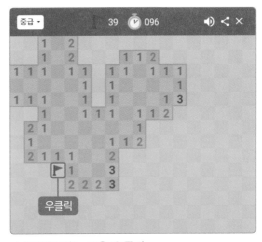

▲ 지뢰가 있는 곳을 우클릭

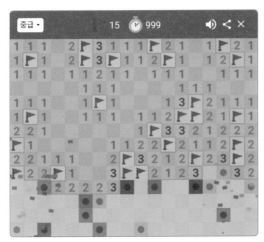

▲ 지뢰를 밟았을 때 화면

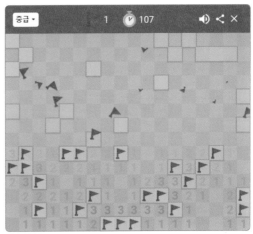

▲ 모든 지뢰를 피했을 때 화면

TIP

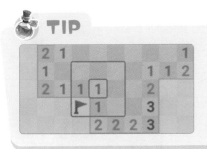

현재 표시된 숫자 '1'을 기준으로, 주변 8개의 칸 중 1개의 지뢰가 있다는 뜻이에요. 지뢰가 있는 부분은 마우스 오른쪽 버튼을 눌러 깃발을 세워둡니다.

MEMO